KB097258

눈덩이 투자법

빠르게 종잣돈을 만들고 100배로 불리는
눈덩이 투자법

ⓒ 서미숙 2024

인쇄일 2024년 2월 29일
발행일 2024년 3월 7일

지은이 서미숙
펴낸이 유경민 노종한
책임편집 조혜진
기획편집 유노북스 이현정 조혜진 **유노라이프** 구혜진 **유노책주** 김세민 이지윤
기획마케팅 1팀 우현권 이상운 **2팀** 정세림 유현재 김승혜
디자인 남다희 홍진기 허정수
기획관리 차은영
펴낸곳 유노콘텐츠그룹 주식회사
법인등록번호 110111-8138128
주소 서울시 마포구 월드컵로20길 5, 4층
전화 02-323-7763 **팩스** 02-323-7764 **이메일** info@uknowbooks.com

ISBN 979-11-7183-015-2(03320)

빠르게 종잣돈을 만들고 **100**배로 불리는

눈덩이 투자법

서미숙 지음

유노
북스

눈덩이처럼
자산을 굴려라

'눈덩이 효과'를 아는가? 언덕 위에서 굴린 조그만 눈덩이는 내려오는 동안 반복적으로 눈이 뭉쳐져 큰 눈덩이가 된다. 작은 규모로 시작한 일이 시간이 갈수록 가속도가 붙어 큰 효과를 불러온다고 해서 눈덩이 효과라고 한다. 내리막길을 굴러 내려오며 회전할 때마다 작은 눈덩이에 눈이 붙어 어느새 바위처럼 큰 눈덩이가 돼 있다. 자산을 모으거나 투자하는 것에도 이 같은 원리가 작용한다. 이는 복리의 힘이라고도 할 수 있다.

모든 성공의 시작은 작은 일에서부터 출발한다. 나는 가장 하기 싫은 일부터 하루 2시간씩 몰입했다. 내가 귀찮아서 시작조차 하지 않았던 일은 독서와 운동이었다. 이것들을 나의 습관으로 만들 것인가, 아니면 하지 못하는 일들에 평생 짓눌려 살 것인가 스스로 선택해야 했다.

스톱워치를 꺼내 책상 앞에 두고 고3 수험생처럼 집중했다. 집중은 인간 최고의 초능력이다. 영화배우는 액션 장면을 찍을 때 어려운 장면부터 먼저 찍는다고 한다. 어려운 관문을 통과하면 다음 단계는 쉬워져서 즐기며 할 수 있기 때문이다. 내가 눈덩이 효과를 맛본 건 미루지 않고 힘든 일을 먼저 하면서부터다. 눈덩이가 중간쯤 굴러갈 때 복리의 힘이 생기면서 브레이크 없는 자동차처럼 눈덩이에 가속이 붙었다. 눈덩이 효과를 10년 전에는 왜 몰랐을까? 이제라도 눈덩이처럼 자산을 굴렸으니 다행이라고 생각해 본다.

차가운 현실에 주눅들 때
눈덩이 효과를 떠올려라

나는 '사랑만 있으면 된다'는 나름 로맨틱한 환상에 빠져 1993년 초에 사랑하는 사람과 결혼했다. 하지만 사랑은 달콤한 환상이었고, 결혼은 차가운 현실이었다. 방 한 칸, 부엌 한 칸이 전부인 집에서 점점 상실의 시간을 맞이했다. 게다가 그 집에서 첫 아이를 출산했다. 아기를 돌볼 사람을 구해도 이틀이 멀다 하고 그만뒀다. 안아야만 잠드는데다가 낯가림이 심해 엄마와 떨어지면 목소리가 쉴 때까지 우는 아이였다. 내려놓기만 하면 우는 아이 때문에 육체적 피로

와 정신적 상실감의 극한을 경험하며 무기력증에 빠졌다.

100일이 안 된 아기를 안고 미친 사람처럼 동네를 걸었다. 1월 중순이었다. 바깥바람을 쐬고 싶다는 마음에 기름기로 떡진 머리와 밤새 아기와 사투하며 생긴 다크서클이 가득한 얼굴로 터덜터덜 눈길을 걸었다. 지나가던 할머니의 걱정스러운 눈빛에도 아랑곳하지 않았다. 공원 의자에 아기를 내려놓고 하늘을 보며 하염없이 울었다.

집이 문제였다. 무엇보다 이 집이 나를 더욱 절망의 구렁텅이로 몰아넣고 있었다. 그 월셋집에서 도피해야만 했다. 하지만 탈출을 꿈꾸기에는 통장 잔고가 너무도 초라했다. 참혹한 현실을 어떻게 해결할 수 있을지 고민했다.

간절하게 탈출을 원하니 방법이 떠올랐다. 운영하던 미술 학원을 매도하면 2,500만 원의 여유 자금이 생긴다는 것이었다. 머리 싸매고 끙끙거리는 성격이 아닌 나는 이틀 고민한 걸로 충분했다. 마침 학원 자리를 알아보는 선배가 있었고, 나는 그에게 학원을 넘기고 의왕에서 수원으로 이사를 할 수 있었다. 13평 짜리 5층 주공 아파트로 이사했다. 이사하던 날, 나는 마치 내 집을 산 것처럼 신이 났다. 보관할 곳이 없어 사지 못한 유모차에 아기를 태울 수 있다는 희망에 모든 것이 좋았다. 더 이상 아이는 감기로 고생하지 않게 됐다. 그러나 또 다른 현실이 기다리고 있었다. 남편이 외벌이란 사실이었다. 내 뜻대로 아파트 전세로 이사는 했는데 들어오는 돈은 현저히 줄어들었다. 상황을 파악하고 나니 모든 것이 두려워지기 시작했다.

그래서 그때부터 푼돈부터 죽도록 모았다. 아끼고 모아서 빈 통장 배를 불려야겠다고 마음먹었다. '꿈꾸는 서 여사'의 시작은 이때부터 였을 것이다. 월셋집을 벗어나고 싶어서 겁도 없이 학원을 넘기고, 또다시 맞이한 차가운 현실을 이겨 내기 위해서 푼돈부터 아껴 가며 살았던 그때, 눈덩이 효과를 알았더라면 그 독한 마음을 끝까지 유 지했을 것이다. 어쩌면 조금 더 일찍 경제적으로 여유로워졌을지도 모른다.

자산이 없어도
부자가 될 수 있다

고백하건대 살아오는 동안 자주 흔들렸다. 삶이 조금 편해졌다 싶 으면 여러 핑계를 대며 돈을 겁도 없이 썼다. 아이들이 점점 자라고 그에 따라 돈이 더 많이 들어간다는 사실을 알지 못했고, 자꾸 잘못 된 선택을 했다. 가끔은 그 선택이 후회될 때도 있지만 이제 와 돌이 켜 보니 그 시간이 나를 단련하는 과정이었다는 생각이 든다.

지금 이 책을 읽는 당신의 상황이 어떤지 나는 모른다. 과거의 나 보다 더 힘들 수도 있을 것이다. 다만, 나는 한 가지만큼은 확실하게 말할 수 있다. 내가 지난 3년간 이룬 경제적 여유를 당신도 얼마든지 이룰 수 있다고 말이다. 아니, 당신은 3년이라는 시간 동안 분명 나 보다 훨씬 더 성장하고, 더 많은 부를 누릴 수 있을 것이다.

나는 절약하는 습관을 잡고 돈을 통제했다. 현재 내가 처한 상황을 파악하고 수입 내에서만 지출했다. 가난이 주는 고통과 무서움을 이미 알고 있기에 내다 팔 수 있는 모든 것을 정리해 카드 빚부터 갚았다. 그 후 절약하며 모은 첫 종잣돈 500만 원을 어떻게 불릴지 끊임없이 고민하며 가난이란 사슬을 끊어 내려고 노력했다. 그 결과 지금은 10개의 파이프라인에서 수입이 들어온다. 콘텐츠 사업부터 앱 테크, 블로그, 금융 투자, 월세, 인세, 외부 강의, 무인 카페, 공간 대여, 가계부 판매까지 걸린 시간은 3년이었다.

나는 아직 큰 부자는 아니다. 하지만 그래서 지금의 내가 좋다. 당신도 얼마든지 나를 따라 할 수 있다고 자신 있게 말할 수 있기 때문이다. 나는 자산이 있어야만 부자가 될 수 있다고 믿는 이들에게 자산이 없어도 부자가 될 수 있다는 것을 보여 주고 싶다. '나이가 많아서, 돈이 없어서'는 핑계다. 안 좋은 습관에 지배당하지 않고 다양한 저축법으로 종잣돈을 모은다면 시간이 지날수록 자산은 커다란 눈덩이가 될 것이다.

지금부터 딱 3년만 '덜 쓰고, 더 벌고, 불리고, 지키자'를 실천해 보자. 할 수 있다는 믿음으로 한 발, 두 발 올라가다 보면 어느덧 산꼭대기 정상은 손에 잡힐 듯 가까워질 것이다. 당신이 가려고 하는 높은 곳까지 가기 위해 반드시 거쳐야 할 중간 지점에 내가 있다. 거기까지만 나를 따라오면 된다. 그리고 나를 지나쳐서 당신은 더 높은 곳으로 올라가길 바란다. 나는 그거면 충분하다.

· **목차**

1
단계

절약은 가장 훌륭한 수입이다
덜 쓰는 습관 기르기

2단계
저축은 절대 배신하지 않는 재테크다
다양한 저축법으로 500만 원 모으기

3단계
투자 소득은 부를 향한 첫걸음이다
금융 재테크로 2,000만 원 만들기

4
단계

창업은 돈의 규모를 키울 기회다

소자본 창업으로 1억 원 만들기

5
단계

부동산은 자산이 급성장하는 투자다

부동산 투자로 5억 원 만들기

6
단계

수익을 넘어 새로운 가치를 창출하라

5억 원 이상의 현금 흐름 만들기

1 단계

절약은
가장 훌륭한
수입이다

덜 쓰는 습관 기르기

1

절약은 평생
돈 버는 습관이다

돈을 갖기 전에는 절대 돈을 쓰지 마라.

- 토마스 제퍼슨

"쓰기만 해도 1년에 2,000만 원이 모인다."

2020년 말, 우연히 서점에서 발견한 가계부 표지에 쓰여 있는 문구를 보고 코웃음을 쳤다.

'무슨 가계부 쓴다고 2,000만 원이 모여. 먹기만 하면 살 빠진다는 약이랑 뭐가 달라?'

반감이 드는 것도 당연했다. 나라고 가계부를 안 써 봤을까. 아무리 가계부를 써도 돈이 모이기는커녕 빚만 늘었다.

'쉬지 않고 일하는데 왜 나는 빚이 늘어날까?'

빚에 지쳐 갈 때라 쓰면서도 모은다는 글귀에 강한 호기심이 발동했다. 운명같이 만난 김유라의 《내 집 마련 가계부》라는 책 한 권이 내 삶의 전환점이 됐다. 나도 2,000만 원을 모으고 싶다는 의지가 생겼다. 평생 일해도 노후에 충분한 돈이 없을 것이라는 두려움이 노력한다면 가난하게 살던 내 인생도 찬란하게 빛날 거란 생각으로 바뀌었다. 책을 덮으면서 가슴이 뛰었다. 무엇보다 가장 큰 소득은 그동안 돈을 모으지 못했던 재테크의 천적이 바로 나였다는 사실을 알게 된 것이다. 맞벌이여도 늘 돈이 부족했다. 머리로는 저축하고 재테크를 공부해야 한다는 걸 알면서도 매번 돈 모으기에 실패했다. 거듭되는 실패의 원인을 찾아 분석해 볼 필요를 느꼈다. 실패하지 않기 위해 다른 이들의 성공담보다 실패담에 귀 기울였다.

한 방울씩 새는
수도꼭지부터 잠가라

우리가 하루에 무심코 지출하는 돈은 평균적으로 얼마나 될까? 워킹 맘 K를 통해 지출 규모를 분석해 봤다. 그녀는 알람 시계가 울리면 이불 속에서 '10분만 더, 5분만 더'를 외친다. 지난밤 침대에 누워서 늦게까지 핸드폰을 본 것이 화근이다. 매번 '오늘은 일찍 자야지'하고 다짐하지만, 아이들이 모두 잠들고 난 후의 꿀맛 같은 밤을 그냥 보내기 싫다. 그러다가 결국 또 늦게 일어나고 만다. 허겁지겁 씻고 나니 아이들을 깨울 시간이다. 남편은 오늘따라 일찍 출근해야 해서 자기 코가 석자다.

결국 아이를 돌보는 일은 K의 몫이 돼 버렸다. 어제 퇴근하며 사온 소고기국에 밥을 말아 아이의 입에 밀어 넣는다. 아이를 어린이집에 보내고 간당간당하게 회사에 도착하니 그제야 허기가 몰려온다. 회사 앞 샌드위치 가게에서 커피와 빵을 하나 샀다. 비용은 6,000원이다. 지출이 아깝지만, 오전 일과를 처리하려면 속이 든든해야 한다. 바쁘게 업무를 처리하고 회의까지 마치니 벌써 점심시간이다. 아침을 빵으로 때워 점심은 영양가 있는 걸 먹을 필요가 있다. 점심값으로 1만 5,000원을 지출했다. 밥값이 조금 과했지만, 디저트로 커피를 마시자는 동료의 말은 거절하기도 힘들다. 결국 손에 커피 한 잔씩 들고 오후 업무에 복귀한다. 커피값은 4,000원이다.

오후 4시쯤 되니 슬슬 나른함이 몰려왔다. 잠을 깨겠다는 핑계로 잠시 인터넷 쇼핑몰에 방문했는데, 때마침 갖고 싶던 원피스가 타임세일을 하는 것이다. 살까 말까 망설이다 옆자리 동료에게 물어봤다. "이 가격이면 거저네!" 하는 동료의 말에 힘을 얻어 구매 버튼을

눌렀다. 7만 원짜리 원피스를 2만 5,000원에 샀으니 이건 엄청난 이득이다.

업무를 마치고 보니 퇴근이 7시다. 일찍 퇴근한 남편이 아이를 하원시켰다고 말하며 저녁이 너무 늦어졌으니 외식을 하자고 한다. 안그래도 피곤해서 밥하기가 귀찮았던 K는 속으로 '야호'를 외쳤다. 고기를 먹자는 남편과 의기투합해 집 앞 식당에서 소주 한잔도 기울이며 워킹 맘의 하루를 마무리한다. 저녁값으로는 3만 8,000원이 나왔다. '이래도 되나?' 싶었지만 또 이 정도 즐거움도 누리지 못한다면 힘들게 일하며 아이를 키우는 낙을 어디에서 찾나 싶다. 그러니 괜찮다고 위안하며 잠자리에 든다.

워킹 맘 K가 하루 동안 사용한 돈은 얼마일까? 무려 8만 8,000원이다. 이런 일상이 지속된다면 평균 5만 원을 잡아도 1개월에 150만 원씩 나가는 형국이다. 주말엔 지출액이 더 늘어날 수도 있다. 무의식으로 쓰는 지출에 무감각해지면서 결국 낭비가 습관이 되고 만다. 의식하지 못한 채 낭비되는 지출은 가정을 곤경에 빠트릴 수 있다.

〈워싱턴 포스트〉에서 "오늘의 커피 한 잔이 내일의 빚"이라며 융자금을 받아 학교에 다니면서도 비싼 커피를 마시는 미국 대학생들의 이야기를 기사로 소개한 적이 있다. 이처럼 매일 마시는 커피값은 결코 적은 돈이 아니다. 우리는 졸음이 오거나 피곤하다는 이유로 매일 커피를 마신다. 스트레스를 받는 날엔 기분 전환을 하기 위해 비싼 브랜드 커피를 찾는다. 그리고 마시면 기분이 좋아진다고 스스로 합리화한다.

부디 나의 감정을 핑계로, 돈을 낭비하지 않길 바란다. 그 습관이 인생 낭비로 이어질 수 있다는 무서운 사실을 기억해야 한다. 돈을 모으는 습관은 사람이 만들지만, 나중에는 그 습관이 사람을 만든다. 의식하지 못한 지출 습관이 결국 한 사람을 잠식해 버린다. 아무리 "세 살 버릇 여든까지 간다"라고 해도 피나는 노력을 하면 버릇도 바꿀 수 있다는 건 내 경험을 보면 알 수 있다.

돈에는 깨지기 쉬운 돈과 단단한 돈이 있다. 맞벌이란 미명 아래 쉽게 벌어 빠르게 모은 돈과 달리 많이 아껴 가며 만든 목돈은 오랜 시간 운동을 통해 단련된 근육처럼 단단하다. 하루 지출로 쥐도 새도 모르게 나가는 돈은 물방울과 같다. 수도꼭지에서 물방울이 한 방울씩 쉬지 않고 떨어지면 대야에 가득 차 넘쳐흘러 욕실이 잠기고, 여차하면 집안 전체가 잠길 수도 있다. '한 방울쯤이야'라고 절대 무시하지 말자. 목돈을 모으기보다 먼저 절약한 푼돈부터 모으는 습관을 들인다면 티끌은 결국 태산이 된다.

'덜 쓰고, 더 벌고, 불리고, 지키자.'

이것이 부자가 되는 단계다. 나만의 돈 모으는 원칙을 세워 '하루에 1만 원 모으기', '100일에 500만 원 만들기', '1년에 2,000만 원 만들기', '3년에 5억 원 만들기', '5년 안에 건물주 되기' 등 목표를 뾰족하게 줄 세우는 것부터 시작하면 된다.

돈은 나에게 살아가는 힘이다. 하루에 1만 원을 모으는 습관부터 시작하자. 습관이란 스위치처럼 작용한다. 나의 스위치를 바꾸면 되는 것이다. '사용하기'에서 '사용하지 않기'로 전환해 놓으면 된다.

Ⓦ 눈덩이 한 번 더 굴리기 _____

당신의 마음을 먼저 들여다보는 연습을 해 보자. 먼저 근본 원인을 들여다봐야 조금 더 쉽게 소비를 줄일 수 있다.

2

지출을 지배하려면
충동부터 통제하라

버는 것보다 적게 쓰는 법을 안다면
현자의 돌을 가진 것과 같다.

- 벤저민 프랭클린

내가 정확히 얼마를 버는지, 얼마를 지출하는지 알아야만 돈 모으기가 시작된다. 어떤 상황에서도 지출이 수입보다 많아서는 안 된다. 종이에 총수입을 적고 총지출을 모두 적어야 한다. 마주하고 싶지 않은 내 현실을 직면해야만 소득 늘리기와 지출 줄이기에 사활을 걸 수 있다.

'절약하고, 저축해야지' 하며 다짐하고도 지키지 못하는 이유는 우리에게는 타고난 본능이 있기 때문이다. 본능은 생각보다 강력하다. 그중 하나가 남에게 보여 주고 싶은 과시 본능이다. 과시는 실속보다 체면치레를 중요시한다. 열등감을 감추기 위해 허세를 부리기 때문에 돈 모으기에 가장 큰 적이 된다. 수입 내에서 지출하려면 제일 먼저 과시하고 싶은 마음을 버려야 한다. 가진 돈이 적을수록 텅 빈 마음을 물질로 채우고 싶은 마음이 가득하다.

게다가 요즘은 주변 사람들의 시선도 한몫한다. 한때 형편에 맞지 않게 명품 그릇에 빠졌던 내 마음도 비슷했다. '신용 카드 할부 구매'라는 유혹에 빠져 수입을 초과하며 지출한 것이다. 결국 늘어나는 카드 값을 감당할 수 없을 때가 돼서야 소비 중독에서 빠져나올 수 있었다.

돈이 빠져나가는
근본 원인을 찾아라

부자가 되는 방법은 사실 단순하다. 수입을 늘리고 지출을 줄이면 된다. 하지만 당장 수입을 늘리는 것은 쉬운 일이 아니다. 퇴근 후나 주말에 아르바이트한다면 자칫 건강에 문제가 생길 수가 있고, 본업에 지장을 줄 수도 있다. 따라서 무리하게 수입을 늘리기보다는 먼저 수입 내에서 지출하는 것을 생활화해야만 한다. 하루 날을 잡아서 수입을 적고, 나가는 비용을 모두 적어 보자. 나가는 비용에는 크게 고정 지출과 변동 지출이 있다. 흔히 고정 지출은 줄일 수 없다는 선입견을 품고 줄이려 하지 않는다. 대출, 보험, 관리비, 공과금, 통신비 등을 주로 자동 이체로 설정해 두고 통장에서 얼마가 빠져나가는지도 모른다.

고정 지출을 먼저 줄여야 나가는 돈이 크게 줄어든다. 고정 지출 중 큰 비중을 차지하는 보험료를 살펴보자. 보험은 상품 구조상 저축이 아니다. 《돈의 속성》 저자 김승호 회장은 "보험은 리스크를 기반으로 한 확률 게임이다. 가령 1만 명이 사는 동네에 연간 사고 사망자가 다섯 명이라면 나머지 1만 명에게 각각 10만 원씩 걷어 놨다가 10억 원이 모이면 다섯 명에게 각각 2억 원씩 나눠 주는 일이 보험이다"라고 말했다. 보험은 미래에 대한 공포심 때문에 가입하지만 수많은 보험 상품의 수익률이 실제와 다르다는 걸 알 수 있다. 현대인에겐 실비 보험과 암보험 정도만 있으면 된다.

보험료를 줄였다면 휴대폰 요금제를 살펴봐야 한다. 비싼 요금제라면 알뜰 폰으로만 바꿔도 1개월에 7만 원 이상 절약된다. 알뜰 폰의 큰 장점은 합리적인 가격이다. 무약정과 무위약금이기에 부담 없이 사용할 수 있다. 성능에도 크게 차이가 없다.

매월 소리 없이 지출되는 구독 요금에는 넷플릭스나 정수기, 비데 등이 있다. 이들을 없앤다면 지출 비용을 10만 원 정도 줄일 수 있다. 정수기는 보통 신용 카드를 새로 만들어 요금을 매월 결제하면 할인을 받는다. 대신 신용 카드를 월 30만 원씩 의무적으로 써야 한다. 카드와 연계해 공짜로 정수기 물을 먹는다는 착각이 들지만, 이건 공짜가 아니다. 매월 30만 원 이상을 카드로 사용해야 하니 손해라고 인식해야 한다. 매월 지출이 발생하는 정수기 구독을 해지하고 생수를 사 먹는 것이 훨씬 저렴하다. 고민할 필요 없이 구독을 취소하면 나의 계좌의 돈은 불어난다.

고정 지출을 줄였다면 이젠 변동 지출을 줄일 차례다. 변동 지출은 변동성이 큰 지출 항목이다. 1개월에 얼마를 쓰겠다고 예산을 잡지만 매월 나가는 금액이 다르고, 예산을 초과하는 경우가 많다. 가장 큰 비중을 차지하는 건 역시 식비와 생활비다. 하지만 식비와 생활비를 줄이는 것은 어렵기 때문에 변동 지출 항목 중 꾸밈비나 문화 레저비만 0원으로 만들어도 저축할 수 있는 금액이 늘어난다.

많은 사람이 월급이 들어오면 '나를 위한 선물'이라는 미명으로 백화점에 간다. 옷이나 가방 한 개 정도는 사야 이번 달에 열심히 일한 보람이 있는 것 같다. 텅 빈 마음을 물질로 채우고 싶은 기분인 것이다. 게다가 요즘은 SNS가 활발해 주변 사람들의 시선도 무시할 수 없다. 사실 대부분의 소비가 그렇다. 필요에 의해서라기보다는 감정으로 인해 돈을 쓰는 경우가 많다. 일종의 중독처럼 소비는 습관이다. 주머니에 돈이 있으면 써야 직성이 풀리는 사람들이 있다. 마이너스 통장이나 비상금을 털어서라도 쓰고 본다.

이런 사람들이 제일 먼저 해야 할 일은 신용 카드와 마이너스 통장을 없애는 것이다. 할부 구매를 차단하지 못하고, 마이너스 통장 지출을 통제하지 못하면 부자의 꿈은 물 건너간다. 내 수입 이상의 돈을 쓰면서도 인식하지 못하기 때문이다. 우리는 돈이 없어도 할부라는 이름으로 비싼 물건을 쉽게 소비한다. 당장 눈에 보이지 않는 현금이 사용되지 않기에 가능하다. 따라서 부자로 가는 길목의 가장 큰 장애물인 신용 카드와 마이너스 통장을 없애야만 수입 내에서 생활하는 것이 습관으로 자리 잡힌다.

물론 무작정 "줄여라"라고 하면 어렵다. 그건 자신의 의지로 가능한 일이 아니기 때문이다. 따라서 근본 원인을 찾아야 조금 더 쉽게 지출을 줄일 수 있다. 그러기 위해서는 가장 먼저 뼛속까지 장착된 빈자 마인드를 버리고 내 안에 잠든 부자 마인드를 깨워야 한다. 돈에 대한 마인드와 투자 방향성만 제대로 세운다면 나만의 기준이 생겨 돈을 모으기가 수월하다. 줄여야만 하는 지출을 모두 파악했다면 이제 내 돈의 주인이 돼서 돈을 모을 차례다.

🏦 눈덩이 한 번 더 굴리기 _____

부에 관한 책을 10권 이상 읽어라. 책은 지식과 정보를 전달한다. 가장 좋은 스승이며, 필요한 정보가 들어 있는 생산적인 도구이기도 하다.

3

돈을 쪼개고
이름을 붙여라

위험을 피하려면 최악의 사태를 대비해 둬야 한다.
- 발타자르 그라시안

비상 자금은 인생의 폭풍우를 만났을 때 다시 일어설 수 있게 하고 생활에 안정감을 제공한다. 비상 자금의 목적은 실직, 질병, 자동차 수리 등의 돌발 상황에 대비하기 위함이다. 살다 보면 피할 수 없는 지출이 발생한다. 묵혀 놓은 비상 자금이 없으면 가계가 크게 흔들리기에 반드시 통장을 쪼개 비상 자금을 마련해 둬야 한다. 비상금은 파킹 통장이나 인출이 어려운 곳에 넣어 잔액을 늘 유지해야 한다.

'지금 버는 돈에서 얼마쯤 돈을 떼어 내야 생활에 지장이 없을까?'

'예산 중 비상 자금이 얼마나 있어야 할까?'

비상 자금을 마련하기 전에 우선 나에게 돈이 얼마나 필요한지를 따져 보는 것부터 시작한다. 그리고 1년 예산을 세워 자금을 마련해 야 한다. 물론 그 예산은 연령대에 따라 다르고 개인적인 상황과 재 정적인 수입에 따라 다르다.

일반적인 지침은 3~6개월 정도의 생활비를 확보해 놓으라고 한 다. 자금이 넉넉하지 않다면 1~3개월 정도의 생활비를 비상 자금으 로 확보해 놓아도 괜찮다. 주변만 봐도 이 정도 비상 자금조차 없는 가정이 꽤 많다. 6개월 치 생활비가 너무 부담스럽게 느껴진다면 우 선은 시작하겠다는 마음을 갖고 1~3개월 치를 목표로 낮은 허들부 터 넘도록 해 보자. 이 정도 돈만 만들어 놓아도 마음에 안정이 생기 기 마련이고, 혹시 모를 큰일이 생겨도 한 방에 와르르 무너지는 상 황을 피할 수 있다.

비상 자금이 없는 사람은 신용 카드에 의지할 수밖에 없다. 신용 카드는 물건을 결제하는 기능뿐 아니라 단기 카드 대출(현금 서비 스), 이율 높은 장기 대출(카드 론) 기능이 있으니 급전이 필요할 때 일시적 대처가 가능하다는 장점이 있다. 당장 내야 하는 현금이 아 니기에 '돈 쓰는 맛'을 알아 버린 쇼핑족에겐 단비 같은 존재다. 하지 만 그 잠깐 현금을 당겨쓰고 내야 하는 이자는 상당한 금액이다. 배보다 배꼽이 더 클 정도의 이자를 내면서도 그 심각성을 느끼지 못하는 것도 무서운 일이다. 따라서 이런 불상사를 막기 위해서라도 비상 자금은 반드시 필요하다.

재테크의 시작은
통장 쪼개기부터다

내가 비상금을 만들고 통장에 이름을 붙여 묵히기 시작한 건 4년 전 절박했던 시절이다. 《절박할 때 시작하는 돈관리 비법》을 읽고 곧바로 신용 카드를 해지했다. 매달 신용 카드 회사에 월급을 저당 잡히며 살았다. 카드로 생활비를 쓰고 갚고, 또 쓰고 갚으며 쳇바퀴 굴리듯 생활했다. 하지만 책을 읽은 후 신용 카드를 없애고 통장을 쪼개 돈에 역할을 맡긴 후부터 삶이 달라졌다.

방법은 간단하다. 인터넷 통장 '케이뱅크'의 입출금 통장에 가입하면 입출금과 연계되는 '플러스박스' 통장이 있다. 플러스박스 안에 자유롭게 통장 이름을 붙일 수 있으며 통장을 10개로 나눌 수 있다.

《4개의 통장》의 저자는 통장 종류를 크게 네 개로 나눠 소개했다.

- 급여 통장: 급여 수령 및 고정 지출 관리
- 소비 통장: 변동 지출 관리
- 예비 통장: 예비 자금 관리

・투자 통장: 투자 관리

　네 개의 통장을 이용해 돈의 용도를 구분하고 자동으로 돈이 불어 나게 해 주는 관리 비법이다.

　이를 활용해 내가 관리하는 방법을 소개한다. 나는 좀 더 세밀하게 돈마다 역할을 부여하고 통장마다 이름을 붙였다. 핵심은 월급 통장에 식비만 남겨 두고 모두 다른 통장으로 이동하는 것이다. 다음 달 월급이 들어올 때까지 이렇게 분리하지 않으면 통장 잔고가 넉넉하다고 느끼기 때문에 지출이 늘어날 수 있다. 돈은 한정돼 있다. 매달 정해 놓은 예상대로 쓰지 않으면 다시 신용 카드에 의지해야 하기 때문에 비상 자금은 꼭 필요한 존재다.

・월급 통장: 우리 집 수입 통장, 가족의 모든 수입 관리
・적금 통장: 시드 머니 만들기, 목돈 관리
・투자 통장: 일명 부자 통장, 우리 집 자산 관리
・경조사 통장: 생일, 집안 행사 등 집안의 모든 경조사 관리
・세금 통장: 재산세, 종부세, 자동차세 등 우리 집 세금 관리
・비상금 통장: 비상용 통장, 우리 집 예비 자금 관리
・생활비 통장: 자기 계발비, 교통비, 식비 외의 모든 돈 관리
・공돈 통장: 파이프라인, 앱 테크 등 공돈으로 생기는 돈 관리
・식비 통장: 7만 원으로 일주일 살기로 1개월 치 식비 관리

통장을 쪼개고 가계부를 쓰면서 몇 가지 핵심 노하우를 터득했다. 경조사 통장이나 세금 통장에 미리 돈을 묵혀 놓으면 생활비에서 나갈 리가 없다. 통장을 나눈 항목이 많아 조금 복잡해 보이지만, 세밀하게 쪼개 놓았기에 용도별로 꺼내 쓰기도 좋다.

자본주의 사회에선 노력한 만큼 부를 이룬다. 월급이 적다고 절대 포기하지 말자. 돈을 모으기 위해서는 이름 붙인 통장에 돈을 묵히는 원칙만 기억하면 된다.

₩ 눈덩이 한 번 더 굴리기

시중 은행 입출금 통장 이율은 0.1%지만 케이뱅크 생활비 통장은 300만 원까지 3%의 높은 이자를 준다. 수수료 없이 입출금이 가능하기에 비상용이나 생활비 통장으로 쓰기 좋다.

4

가계부라는
책을 집필하라

작은 구멍이 거대한 배를 침몰시킨다.

- 벤저민 프랭클린

통장까지 나눴다면 가계부를 기록할 차례다. 월 단위로 비용을 점검할 수 있는 도구는 가계부다. 많은 사람이 하나같이 재테크의 시작은 가계부 쓰기라고 말한다. 지출을 관리하고 절약을 도와주는 도구가 바로 가계부다. 기록하는 행위만으로도 불필요한 지출과 과소비를 줄일 수 있어 지출 억제가 가능하다는 점 때문이다. 문제는 가계부 작성이 꾸준히 이어 가기가 힘들고, 자칫 기록을 위한 기록에 머물 수 있다는 사실이다.

가계부는 숫자 쓰는
공책이 아니다

찜질방 매점 이모 일을 그만두면서부터 이 기회에 가계부를 제대로 쓰기로 했다. 이제껏 시중에 나와 있는 가계부를 끝까지 써 본 일이 별로 없다. 그래서 가계부를 제대로 쓰고자 맞춤형 가계부를 제작했다. '닥돈 가계부(닥치고 돈 모으는 가계부)'라고 이름을 붙이고 이름대로 돈을 모아 보려 첫 장에 이루고자 하는 목표를 적었다. '올해 종잣돈 3,000만 원 모으기'를 크게 써 놓으니 펼칠 때마다 모을 수 있다는 자신감이 생겼다.

닥돈 가계부를 쓰기 불과 4년 전만 해도 돈에 대해 개념도 대책도 없는 사람이었다. 이렇게 살다가는 노후에 힘겨운 삶이 닥칠 거라는 두려움에 가계부를 쓰며 동시에 짠테크를 시작했다. 쓴 돈은 무조건 기록하자는 생각으로 가계부를 썼다. 그러자 나의 소비 습관을 파악할 수 있었다. 내가 유난히 집착했던 소비는 마트의 1+1 상품이었다. 두 개씩 묶여 있는 우유와 샴푸나 사은품으로 묶여 있는 물건을 보면 손이 먼저 나갔다. 가계부에 쓴 돈을 적어 보니 내가 얼마나 '소비 여왕'이었는지 알게 됐다. 적어 둔 가계부를 보면서 반성하니 소비에 자연스레 브레이크가 걸렸다. 각자 유난히 많이 소비하는 물건이 있다. 자신이 어디에 많이 쓰는지 찾아내 소비를 끊어야 한다.

매년 1월이 되면 호기롭게 가계부를 펼치고 써 보곤 했다. 하지만 대부분의 경우 3개월도 채 지나지 않아 흐지부지 되고 말았다. 매달 다시 한번 정신을 차리고 결심해 봐도 마찬가지였다. 가계부를 쓰는 습관을 잡기 위해서 매일의 루틴으로 정했다. 아예 알람을 맞춰 같은 시간에 기록하니 자연스레 뇌가 가계부 쓸 시간이라고 적응했다. 잊고 있다가도 화들짝 놀라 쓰게 되는 습관이 만들어졌다.

가계부를 통해 짠테크를 시작한 지 3개월이 지나자 슬슬 모으는 재미를 알게 됐다. 식비 절약을 통해 아낀 돈을 모아 통장을 만들고 적금에 가입했다. 어떤 통장에 돈이 얼마 있는지도 가계부에 적어 놓았다. 적금 통장의 숫자가 늘어날수록 밥을 안 먹어도 배가 부르다. 몸이 기억하는 과거의 소비 욕망이 언제 나타날지 모른다. 그럴 때 가계부에 적힌 통장 개수와 금액은 욕망을 잠재우기에 충분했다.

그렇게 3년이 지나고 나니까 '어라? 진짜네'라는 생각이 들었다. 돌아보니 1년에 3,000만 원 이상 돈이 모였다. 정말 가계부만 썼을 뿐인데! 가계부를 제대로 쓰기 전에는 평생을 맞벌이해도 돈을 모으기는커녕 노후 준비도 못 했다. 자녀 사교육비가 많이 나가는 시절에는 숫자만 적는 가계부를 쓰다 말다 해 왔다.

하지만 이번엔 달랐다. 1년 동안 저축할 금액을 적어 목표를 설정해 놓고 나니 짠테크를 해야 하는 이유가 더 분명해졌다. 기록과 절약에 의미를 두니 큰 그림을 그릴 수 있게 됐다. 장 본 내역을 일일이 기재하지 않고 '○○ 마트 생활비 2만 원' 식으로 묶어 기록해도 충분했다.

지출을 줄이는 가장 좋은 방법은 신용 카드를 없애는 일이다. 나는 지금도 신용 카드가 없다. 가계부를 쓰기 시작하면서 없앴다. 다음 달에 결제 금액이 나오는 신용 카드는 계획을 방해한다. 게다가 충동적으로 소비할 일도 없으니 가계부에 적을 내용이 훨씬 줄어드는 것도 장점이다.

가계부에 한 줄 일기도 쓰고, 잘한 날은 칭찬 피드백도 적고 돈을 쓰기 전에 '꼭 필요한가? 당장 필요한가?' 한 번 더 생각하며 그냥 묵묵히 썼다. 작은 부자들은 저축을 밥 먹듯이 하고 가계부를 친구 삼아 늘 몸에 지니고 다닌다고 한다. 나 역시 그 마음으로 그냥 따라 했다. 가계부는 이제 평생을 함께할 단짝 친구가 됐다. 매일 펼쳐 쓰는 가계부에 주간 결산을 하면 일주일에 쓴 돈을 알 수 있다. 그렇게 쓴 주간 결산을 더해 월말에 결산하면 1개월 동안 쓴 지출 금액이 나온다. 결산 지출 금액을 보고 다음 달 예산을 잡으면 된다. 단, 항목마다 1만 원이라도 줄여서 예산을 잡아 보자.

가계부가 쌓일수록
부도 함께 쌓인다

누군가가 나에게 물었다.

"왜 그렇게까지 하세요?"

100원을 푼돈으로만 보면 별것 아니다. 하지만 그 안에 응축된 힘은 무시할 수 없다. 그렇기 때문에 푼돈의 소중함을 아는 사람만이 부를 확장해 갈 수 있다. 나는 짠테크를 하는 동안 일상을 블로그에 낱낱이 기록했다. 돈 때문에 힘든 삶을 사는 누군가에게 변화와 희망의 모습이 될 수 있다고 믿기 때문이다.

부자가 되려면 친해져야 하는 세 가지는 월급 통장, 적금 통장, 그리고 가계부다. 가계부 맨 앞 장에 1년에 얼마를 저축할 것인지 숫자로 목표액을 적고 한 달씩 저축할 금액을 적어 보자. 매달 결산일에 지난달 저축 금액을 합산해 적으면 만기 날이 다가올수록 오히려 힘이 생긴다. 지출 금액만 적는 게 아니라 매주, 매달 저축액이 늘어가는 현상이 눈으로 보이니 매번 기록하는 데만 그쳤던 가계부가 조금씩 돈을 벌어 준다. 스스로 피드백도 하고 반성도 하고 무지출인 날엔 뿌듯함도 생긴다. 작게 써도 행복한 삶의 습관을 알게 해 준다.

가계부는 부자 가이드의 첫걸음이다. 부자가 되는 길을 알려 주는 내비게이션과 같다. 이제 나는 내 돈의 주인이 됐다. 돈을 관리하는 힘은 가계부를 쓰면서부터 생겼다. 가계부는 단순히 적는 용도가 아니라 미래를 설계하는 용도기 때문이다. 그래서 매일 쓰고, 주마다 주간 결산을 하고, 달마다 하는 월간 결산에 이어 다음 달 예산까지 책정하는 게 나의 가계부 루틴이다. 가계부만 잘 써도 가정 경제에 얼마나 큰 도움이 되는지 느낀다.

가계부를 열심히 써 현금 1억 원을 모은 40대 주부 A는 가계부란 '한 명의 삶과 습관이 녹아 있는 인생 책'이라고 말한다. 이제 당신도 당신의 인생 책을 쓸 차례다.

Ⓦ 눈덩이 한 번 더 굴리기

부자와 빈자의 차이는 실행하느냐 안 하느냐 차이다. 월급이 텅 빈 통장이 되기 전 앱이든 수기로든 가계부 적기로 돈 관리하는 습관을 만들자.

5

자산을 팔아서라도
나쁜 빚부터 갚기

빚은 여느 함정과 다르지 않다.
빠지기는 쉽지만 빠져나오기는 힘들다.

- 조시 빌링스

　호기롭게 돈을 모으겠다고 작심했지만, 무엇부터 시작해야 하는지 모르는 경우가 많아 혼란스럽기 마련이다. 어떻게 모으고 투자해야 하는지 경제 지식이 부족하다. 게다가 만약 돈을 모으기는커녕 이미 마이너스 상황이라면 돈을 모으는 일에 요원해진다. 가령 예전에 개그맨 이봉원은 사업 실패로 인해 큰 빚을 졌을 때 '빚이 10억 원이나, 10억 100만 원이나 무슨 차이겠냐'는 마음으로 후배들에게 술을 사 주는 등 씀씀이를 줄이지 않았다고 한다. 물론 빚이 많으면 이렇게 자포자기하는 마음이 들 수도 있다. 빚은 거대한데 1개월에 겨우 몇십만 원 모아서 그 큰 빚을 어떻게 갚나 싶다. 그러니 '어떻게든 되겠지' 하는 마음으로 한 방을 기대하기도 한다. 하지만 부자가 되는 길에 지름길은 없다.

돈 모아서 빚 갚는다는 생각을 버려라

나는 부자가 되기로 결심한 이후 '돈 모으기 십계명'을 만들어 무슨 일이 있어도 실천하기로 마음먹었다. 돈을 독하게 모으려면 10원짜리 동전도 긁어모아야 한다. 부자가 되는 방법은 빚 청산 후 무조건 새는 돈 잡고 종잣돈 모으기부터가 시작이라는 것을 기억하고 '돈 모으기 십계명'을 따라 하길 바란다. 푼돈으로 시작해 목돈을 모은 경험이 있다면 그 노력으로 이미 부자가 되는 방법을 알고 있는 사람이다. 돈을 독하게 모으려면 10원짜리 동전도 긁어모아야 하는 것처럼 빚도 그렇게 악착같이 갚아 나가야 한다.

1. 현재 내 상황 파악하기(빚, 대출부터 갚기)
2. 식비 절약하기(외식, 배달 음식 끊기)
3. 신용 카드 없애기(체크 카드만 사용하기)

4. 비상 자금 만들기
5. 1년 만기 적금 들기(수입의 50% 이상)
6. 돈과 통장에 이름표 붙이기
7. 부수입 올리기(수입이 적다면 투잡하기)
8. 절약과 투자를 적절하게 관리하기
9. 차 욕심 버리기
10. 소비 심리 통제하기(돈을 못 쓰는 게 아니라 안 쓰는 것이다)

돈 모으기 십계명을 읽었다면 무엇부터 시작해야 할지 명확하게 알 것이다. 저축이 먼저일까? 빚 청산이 먼저일까? 주위에서 '빚 청산이 먼저다'라고 말한다. 맞다. 빚 청산이 먼저다. 하지만 또 다른 빚을 지지 않기 위해 부채를 갚기 전 비상 자금을 조금이라도 마련해야 한다. 비상 자금을 300만 원 정도 마련해 놓고 빚 갚기에 집중하자. 집 담보 대출을 제외한 모든 빚은 빠르게 갚아 나가야 한다. 나 역시 신용 카드를 해지하고 마이너스 통장 부채를 갚을 때 들고 있던 적금과 불필요한 보험을 해약해서 갚았다. 그리고 300만 원의 비상 자금을 신용 카드 대용으로 만들어 대비해 놨다.

부채가 많은데 저축해서 빚을 갚겠다는 사람들이 있다. 과연 저축만으로 빚이 갚아질까? 'ㅇㅇㅇ님 거래하신 적금 상품이 만기돼 안내해 드립니다'라는 친절한 메시지를 받는 날, 만기된 걸 귀신같이 알고 동생이 돈을 빌려 달라든지 술값으로 카드를 막아야 한다든지 등 이런저런 핑계로 만기되자마자 꼭 쓸 일이 생긴다.

　부채는 저축 만기로 갚는 것이 아니라 갖고 있는 자산을 팔아서라도 갚아야 하는 빚이다. 현재 마주한 나의 상황을 직시해 낱낱이 파악하고, 카드 론이나 사채 같은 나쁜 빚이 많다면 돈을 버는 대로 무조건 빚 청산에 집중해야 한다. 빚은 내 인생을 담보로 돈 빌려준 상대를 부자로 만들어 주는 것이다. 부자가 되는 첫걸음은 빚 청산이 먼저라는 걸 잊어서는 안 된다.

　국제 금융 협회(IIF)의 '세계 부채 모니터' 보고서에 의하면 2023년 기준 부채 비율이 한국이 가장 높은 102.2%를 기록해 1위다. 조사 대상 중 가계 부채가 경제 규모인 GDP를 넘어선 나라는 우리나라가 유일하다. 한국은행은 주택 시장 부진에 금융 부문 리스크가 커짐에 따라 가계 대출 연체율까지 올라가고, 가계 신용 비율이 100%가 넘으면 경기 침체 가능성이 크기에 가계 부채를 줄이는 방안을 논의하는 상황이라고 보도한 바 있다.

　세상에 좋은 빚이란 없다. 나쁜 빚만 있을 뿐이다. 부채를 줄이기로 마음먹었다면 자신을 믿고 이제 시작하면 된다. 빚 리스트를 작성하고 대출 금리와 상환 기간을 따져 봐야 한다. 특히 상환해야 할 1순위는 고금리의 연체되는 빚이다. 이자율이 가장 높은 건 법정 한도 이자율인 연 20%가 넘는 사채 이자다. 신용 카드에서 빌릴 수 있는 대부분의 카드 론 이율도 14%가 넘는다. 이런 고금리의 이자를 먼저 갚아야 고통이 덜하다. 빚에 대한 고통을 빠르게 줄이고 싶다면 현금화할 수 있는 자산을 팔아서라도 원금을 갚아 이자를 줄여야 한다. 우선 자동차를 팔고, 보험을 깨서라도 빚을 줄인 후 지출을 줄이자. 부동산 집 담보 대출 같은 장기 대출을 제외하고 1년 안에 모든 빚을 갚겠다는 의지로 갚아야만 다음 단계인 돈 모으기가 시작된다. 팔 자산이 없어 불가능하다면 허리띠를 졸라매고 투잡을 해서라도 빚이 주는 고통에서 벗어나도록 노력해야 한다. 빚으로 인한 고통으로 건강을 잃기 전에 빚 갚기에 온 힘을 쏟아야 한다.

Ⓦ 눈덩이 한 번 더 굴리기 _____

1년 치 빚 청산 로드 맵을 그리고 예상 상환액을 월별로 나눠 시뮬레이션을 돌려 보자. 실제 상환액과 예상 상환액이 차이가 난다면 추가 수입을 벌어서라도 빠르게 갚아야 한다.

6

무의식 소비를
무의식 저축으로 전환하라

열 번 재고 가위질은 한 번 하라.

- 속담

우리가 물건을 사는 대부분의 이유는 '갖고 싶어서'다. 그럼에도 자신의 소비를 정당하게 느끼는 이유는 뇌에서 '필요하다'고 생각하기 때문이다. 하지만 우리 뇌는 많은 착각을 하는 것으로 알려져 있다. 그러므로 갖고 싶은 것을 필요한 것이라고 착각하지 않기 위해서 우리는 3단계를 거쳐 생각해야 한다.

1단계: 당장 필요한 물건인가?

2단계: 다른 물건으로 대체할 수 있는 물건을 갖고 있는가?

3단계: 물건값을 지급할 능력이 있는가?

글쓰기를 위한 근사한 노트북이 필요하다고 생각할 때 노트북을 사고 싶은 마음이 간절해진다. 이때 1단계를 생각해야 한다. '노트북이 당장 필요한가?' 질문해 보자. 노트북이 아닌 데스크톱이나 아이패드가 있다면 2단계에서 고려해야 할 '대체할 수 있는 물건'을 갖고 있는 셈이다. 냉철하게 판단하자. 가장 중요한 3단계에서 고려해야 할 '지급 능력'이 없다면 구매해서는 안 된다. 신용 카드 할부로 구매할 수는 있어도 '나의 생활에 지장이 없는가'를 따져 봐야 한다. 수입 내에서 지출하기를 잊어서는 안 된다.

환경을 통제하면
과소비를 통제할 수 있다

과소비는 무의식에서 벌어지는 일이다. 매장에서 옷을 살 때 직원이 예쁘다고 부추기면 사고 싶다는 유혹을 느낀다. '저건 나에게 필요해' 같은 자기 합리화를 하며 나도 모르게 충동구매를 하게 된다. 무의식은 계획에 없던 소비도 하게 만든다. 특히 감정 소비는 나의 주머니 사정을 봐주지 않는다. 물건이 필요해서가 아니라 단순히 기분 전환을 위해 사는 행위 자체를 즐기는 쇼핑이라면 과소비 중독이라고 할 수 있다.

지금 우리가 살아가는 세상은 온통 소비를 부추기는 데 여념이 없다. 우리가 조금이라도 관심을 보인 상품이 있다면 SNS 광고가, 문자나 메일이 끊임없이 구매욕을 자극한다. 이런 세상에서 소비하지 않겠다고 줏대를 지키며 살아가기란 여간 어려운 일이 아니다. 따라서 나의 무의식을 통제할 수 없다면 환경을 통제하는 수밖에 없다.

첫째, 당장 무의식적인 소비로 이끄는 앱을 삭제하자.

처음에는 마치 금단 현상에 빠진 듯 뭔가 허전하겠지만, 어느 순간 마음이 평온해짐을 느낄 것이다. 실제로 사람의 뇌는 소비하는 즐거움과 선택 및 결정하는 고통을 함께 느낀다고 한다.

둘째, 환경을 통제하며 마음을 추슬렀다면 집을 정리하며 불필요한 물건을 내다 버리자.

일종의 트렌드로 자리 잡은 '미니멀 라이프'는 일본에서 시작됐다. 인간이 소유한 것들이 자연재해 앞에서 순식간에 쓰나미처럼 사라지는 것을 본 후 소유에 대한 집착을 내려놓고 가볍게 살고자 한 것이다. 실제로 우리가 살아가는 데는 지금처럼 많은 물건이 필요하지 않다.

정리 정돈의 시작은 비움이다. '정리'라는 말에는 "흐트러지거나 혼란스러운 상태에 있는 것을 질서 있는 상태가 되게 함"이라는 뜻도 있지만 "문제가 되거나 불필요한 것을 줄이거나 없애서 말끔하게 바로잡음"이라는 뜻도 있다. 즉 우리가 '정리 정돈'이라고 붙여 쓰지만, 먼저 정리한 다음에 정돈해야 하는 것이다.

정리 정돈을 하다 보면 자기 자신을 알게 된다. 유독 많이 사서 버리는 물건이 있다면 내가 그 분야가 부족하다는 것이고 그래서 집착한다는 뜻이다. 나 역시 물건을 정리하다가 수납 바구니를 얼마나 버렸는지 모른다. 그것은 내가 정돈된 삶에 대한 로망과 집착이 있다는 방증이었다.

하지만 수납 바구니를 산다고 정리가 되지 않는다. 삶의 자세를 바꿔야 한다. 단 한 번에 그런 집착을 버릴 수는 없겠지만, 이런 경험을 몇 번씩 하다 보면 내가 사들인 물건의 이면에 숨어 있는 나의 욕망을 깨닫고 잘못된 소비에 집중하지 않게 된다. 삶을 대하는 태도가 달라지면 부를 이루는 데 도움이 된다. 소비를 조장하는 사회 속에서 우리가 잠시 갈 길을 잃었을 뿐이다. 갖고 있는 물건을 모두 정리하면 과소비로 이어지는 마음이 줄어든다.

셋째, 정리 정돈을 마쳤다면 쇼핑보다 더 즐거운 일을 찾자.

이제 재테크는 선택이 아니라 생활이다. 경제적 안정과 미래의 계획을 위한 필수적인 습관이다. 금융 재테크의 기초는 저축이라고 말할 수 있다. 그러니 어려운 돈 모으기를 즐겁게 할 수 있는 방법을 재미있게 구상해 보자. 소비 대신 쌓여 가는 통장 잔고를 들여다보면 소비 욕구가 사라진다. 실제로 돈을 모아 본 많은 사람이 쓰는 재미보다 모으는 재미가 훨씬 커서 놀랐다고 고백한다.

저축은 명확하게 1년에 얼마를 모으겠다고 설정하는 데서 출발한다. 목표를 세워 두면 이를 위해 노력하는 사람으로 바뀐다. 저축을 게임이라 생각하며 신나게 돈 모으기에 집중하는 방법도 좋다. 예를 들면, 룰렛을 만들어 1,000원부터 5,000원까지 적어 넣고 매일 게임처럼 돌린다. 1,000원이 나왔다면 1,000원을 저축하고 3,000원이 나왔다면 그만큼의 금액을 저축하면 된다.

저축 현황판을 벽에다 세워 금액을 적어 보자. 이 역시 환경을 통제하는 방법과 비슷하다. 사람은 눈에 자주 보이는 것에 관심을 갖기 마련이니 저축 현황판을 보면서 목표액을 다시 한번 상기하자. 매일 하다 보면 하루도 빠지지 않고 참여하게 된다. 이를 통해 저축을 부담스러운 과정이 아닌 당연한 습관으로 생각할 수 있다. 무의식이 소비를 조장했다면 이제 무의식적으로 저축하는 사람이 되는 것이다.

물론 누구나 한두 번은 흔들릴 때가 온다. 그럴 때는 저축의 의미를 생각해 보고, 소비하는 대신 통장에 쌓아 둔 돈을 보도록 하자. 지금은 조금 힘들 수 있지만 저축이야말로 미래를 위한 투자와 삶의 질을 높이는 준비 과정이라고 다시 한번 마음을 다잡자. 과소비의 유혹이 올 때마다 저축에 성공한 사람들의 조언을 듣는 것도 큰 도움이 된다. 경험이 풍부한 사람에게 피드백을 받는다면 효과적으로 돈을 모을 수 있다. 잊지 말자. 저축은 부자가 되는 지름길이 확실하다.

Ⓦ 눈덩이 한 번 더 굴리기 _____

소비하고 싶은 충동이 생기면 절약 노트를 작성해 보자. 사지 않은 금액을 모두 적는 것이다. 예시로 마시고 싶은 커피를 참았다면 커피값을 적으면 된다.

7

내 안의 과시욕과
이별하라

외상이라면 소도 잡아먹는다.

- 속담

다른 사람이 나를 어떻게 생각할지 늘 걱정인 마음을 심리학 용어로 '자기 제시'라고 한다. 자기 제시는 인간의 본성이다. 사람들이 나를 멋진 사람으로 봐 줬으면 하는 마음은 정도의 차이가 있을 뿐 누구나 갖고 있다. 멋진 사람, 좋은 사람이 되려면 나의 단점을 감춰야 한다. 옷차림에 신경 쓰는 사람은 깔끔한 인상을 보여 주기 위해서도 있지만, 가진 게 없는 걸 감추기 위한 심리가 작용한 것이기도 하다. 한국 문화는 체면을 중요시하기에 모임에서도 첫인상과 옷차림,

말투에 신경 쓴다. 이처럼 우리는 타인에게 인정과 칭찬을 받고 싶어 한다.

법륜 스님은 "열등감과 우월감은 뿌리가 같다. 모두 삶의 기준을 타인에게 두고 있다는 공통점이 있다"라고 했다. 나는 그 말뜻을 누구보다 잘 안다. 나 역시 과거에 부자가 아님에도 명품 그릇을 사들이며 부자인 척 과시하며 살아왔다. 그때는 내 열등감이 치유되리라 믿었지만 결국 내 인생에서 감가상각돼 한순간에 사라져 버렸다.

남의 시선을 신경 쓰지 마라

남을 의식하지 않고 끊어 내야 할 것 중 1순위가 자동차다. 그다음이 보험, 사교육, 라이프 스타일이다. 자동차는 사는 순간부터 감가상각되는 물건이다. 자산이 아니기에 자동차를 소유함으로써 부가되는 소비들로 매년 지출이 늘어난다. 머리로는 알지만 편안함과 익숙함에 자동차를 끊어 내지 못한다. 자동차가 꼭 필요한 직업이 아니라면 내 상황에서 자동차가 있어야 하는지 한 번 더 생각해 보길 바란다.

얼마 전 커뮤니티 멤버인 H는 나에게 코칭을 받고 자신의 경제 상황을 재정비했다. 부채를 갚기 위한 돈을 마련해야 했기에 큰 결심을 했다. 2년 전에 산 아끼는 자동차를 한순간에 떠나보낸 것이다.

자동차 딜러 손에 떠나는 차의 뒷모습에 '사고 한 번도 내지 않고 무사히 잘 데리고 다니느라 고생했고 고마웠어. 많이 아껴 주고 보살펴 주는 좋은 주인 만나라'라며 인사했다고 한다. 그리고 한 가지 더 결심을 보탰다. '부수입이 월급보다 많아지는 날, 경제적 독립일이 오면 그때 나의 애마를 만나리라' 하고 다짐했다고 한다. 나는 그녀가 머지않아 부채를 다 갚고 저축에도 성공하리라 본다. 차 욕심을 버리고 과감히 끊어 내는 사람이 무엇인들 못하랴!

그녀의 이야기에 나 역시 차 욕심을 버리고 뚜벅이로 생활했던 시절이 생각났다. 2008년에 구매한 아반떼는 나의 첫 차였다. 기동력이 있어야 했던 시절, 무려 9년이나 나의 발이 돼 줬다. 2017년 초 학원을 접으며 자동차도 중고 시장에 내다 팔았다. 나에게 아반떼는 매일을 함께한 친구였다. 자동차 없이 산다는 것을 생각도 해 본 적이 없을 정도였다.

하지만 찜질방을 다니며 차에 대한 욕심이 사라졌다. 인생에서 가장 길게 느껴진 3년의 세월을 보낸 찜질방 생활을 통해 '시련'이라는 선물을 받고 달라진 삶을 살 수 있게 됐다. 9년을 함께한 자동차가 없으면 엄청나게 불편할 거라고 생각했으나 오산이었다. 오히려 나가는 돈이 줄어 좋았고, 생활도 크게 불편하지 않았다. 나는 지금도 자동차가 없다. 할부금과 보험료를 신경 쓰지 않아도 되고 주차 걱정을 할 필요도 없다. 서울을 가든 부산을 가든 가방 하나 짊어지고 대중교통을 이용한다. 대중교통을 이용하는 시간에는 책을 읽거나 글을 쓰고, 반드시 해야 할 연락을 하면서 알뜰하게 보내니 운전하며 보내는 시간보다 훨씬 값지다.

자존감은 돈으로
채우는 것이 아니다

라디오 사연 중 웃픈 사연을 들었다. 사연을 보낸 젊은 남자는 지금껏 여자 친구를 한 번도 사귀어 본 적이 없는 소위 모태 솔로란다. 착실하게 돈을 모아 결혼 준비도 다 돼 있건만 만나는 여자마다 그를 거절했다고 한다. 그는 결혼을 포기하고 혼자 살아야겠다는 생각으로 포르쉐 자동차를 구입했다. 그랬더니 바로 여자 친구가 생기더란다. 겉으로 보이는 게 다는 아닌데, 보이는 걸로 사람이 평가받는 것이 씁쓸했다.

남자들 대부분이 자동차를 좋아한다. 학생일 때는 엄두를 못 내다가 사회 초년생이 되면 가장 먼저 눈을 돌리는 곳이 자동차다. 초년생의 낮은 연봉에 비해 1년 동안 자동차에 들어가는 비용이 연봉을 넘어서는 사태를 빚기도 한다. 게다가 할부금을 갚지 못하면 대부업체에서 돈을 빌리고, 그것도 감당하지 못하면 자동차를 팔아도 빚이 생기는 현상이 발생한다. 비싼 외제 차에 마음을 뺏겨 갖고 있는 돈을 다 쏟아붓고도 할부금에 치여 라면만 먹는다는 폼생폼사 카 푸어족이 늘고 있다.

자동차는 경차라도 유지비가 많이 든다. 관련한 각종 세금에 유류비, 보험료, 보수비까지 단순히 차를 구매하는 것만 비용이 아니다. 따라서 부대 비용이 많이 들어가는 자동차에 대한 욕심을 조금 내려놓는다면 미래의 나에게 쓰일 저축액이 늘어날 것이다. 물론 생활 방식이나 직업 등 필요에 의해 자동차를 사야 하는 사람도 있다. 그럴 때면 부대 비용까지 고려해 자신의 형편에 맞는 자동차를 신중히 골라야 한다. 특히 '할부'라는 유혹에 넘어가서 고가의 자동차를 사는 일은 절대 금물이다. 어떤 부부들은 아이가 학교에 들어가는 순간 잘 타던 자동차를 바꾸기도 한다. 우리 아이의 기를 죽이지 않기 위해서라나 뭐라나.

이처럼 우리의 소비 행동은 남의 시선에 의해 좌우되는 경우가 많다. 비단 자동차에만 해당하는 것이 아니다. 내가 부족한 점이 있다고 느낄 때, 자존감이 낮아졌을 때일수록 그 빈 곳을 채워 줄 물건을 소유하려는 경향이 강해진다. 소유욕을 버리고 자존감부터 채우면 어떨까? 멋진 차를 타고 뽐내면서 속으로는 돈 걱정하는 것보다 자동차 할부금만큼 꼬박꼬박 채워지는 통장이 훨씬 더 나를 뿌듯하게 만들어 준다.

Ⓦ 눈덩이 한 번 더 굴리기 _____

즐겁게 상상해 보자. '3년 후 멋진 자동차를 소유하기 위해 꼭 성공해야지'라고 말이다. 자동차 적금을 만들어 목표 의식을 가지면 나를 더욱더 강하게 만들어 준다.

덜 쓰기

'닥돈 가계부' 활용하기

'닥돈'은 닥치고 돈 모으기의 줄임말이다. 네이버 카페 '꿈꾸는 부자여행'에서 가계부를 다운받을 수 있도록 57쪽에 QR 코드를 수록했다. 양식을 다운받고 설명을 따라 작성해 보길 바란다.

가계부의 첫 장에서는 부자 되는 공식으로 연간 목표 10가지를 적는다. 우선 까치발을 들면 닿을 수 있는 목표 두세 가지를 적는다. 다음은 온 힘을 다해 점프해야 닿을 수 있는 목표 두세 가지를 적어본다. 마지막으로 아무리 점프해도 단기간에는 이룰 수 없는 목표 두세 가지를 적고 쉬운 목표부터 하나씩 실행해 보자. 성취감에 이룰 수 없는 어려운 목표도 이루려고 노력하게 된다.

가계부를 본격적으로 쓰기 전에는 자기 분석을 통해 나의 현 상황을 파악하고 자산과 부채 항목을 명확하게 적어야 한다. 부동산은 실물 자산이다. 현 시세를 기준으로 금액을 적고 임대했거나 대출금이 있다면 함께 적는다. 갖고 있는 금융 자산이나 보험 명세, 부채 상황까지 샅샅이 적는다. 그리고 사람의 도리를 하기 위해 경조사 비용같이 비주기적으로 매년 나가는 예상 비용이 있다. 예상 금액을 월별로 적어 한눈에 보이도록 해 놓는다.

여기까지 했다면 본격적으로 가계부를 쓸 차례다. 한 달 식비, 생활비를 포함해 우리 집 통장에서 나간 돈은 모두 기록해야 한다.

1. 생활비 잔액은 한 달 예산 금액을 정하고 시작한다.
2. 투 두 리스트란에는 그날의 중요한 일을 적는다.
3. 수입은 고정 수입 외에 부수입까지 모두 적는다.
4. 지출란에는 하루에 무엇을 지출했는지 항목과 금액을 적는다.
5. 지출 합계란에는 생활비 합계를 적고 그 외 비용은 바로 윗칸에 따로 적는다.
6. 남은 잔액란에는 생활비 잔액만 적는다. 그 외 비용은 주간 결산에 합계만 적는다.
7. 오늘의 한 줄란에는 하루를 피드백하며 적절한 소비를 했는지, 과소비를 했는지 돌아본다. 무지출이라면 뿌듯함을 적는다.
8. 냉장고 지도란에는 냉장고 정리 후 남아 있는 식재료를 적는다.

일주일간 가계부를 기록한 후 꼭 해야 할 일이 주간 결산이다. 매주 일요일 저녁에 결산한다. 주간 결산을 하는 이유는 월말 결산을 하기 위해서다. 일주일간 쓰고 남은 생활비 잔액을 적고 칭찬과 반성의 내용을 칭찬하기, 반성하기 칸에 적으면 된다. 주간 결산 지출 합계란에 생활비 지출을 적고 바로 위에 그 외 비용의 합계를 적는다.

그렇게 4주간의 주간 결산을 합해 월말 결산을 해야 한다. 한 달 동안 정한 목표대로 잘 살았는지 확인할 시간이다. 월말 결산 작성법은 다음과 같다.

1. 한 달 동안 벌어들인 총수입을 모두 적는다.
2. 총지출 합계는 월말 결산 후에 모두 적는다.
3. 한 달 동안 저축 및 투자한 금액을 적는다.
4. 원금 및 대출 상환도 적는다.
5. 고정비, 변동비, 생활비 등 총지출은 모두 적는다.
6. 카드 사용 명세는 눈에 띄는 붉은색으로 기록한다.
7. 한 달 결산 피드백이 중요하다. '각 항목에서 1만 원 줄이기' 등의 다음 달 예산을 세워야 한다.

'닥돈 가계부' 다운로드 게시글

2단계

저축은 절대 배신하지 않는 재테크다

다양한 저축법으로 500만 원 모으기

1

하루 1만 원 저축을
습관화하라

가장 큰 실수는 저축하는 습관을
제대로 배우지 않는 것이다.

- 워런 버핏

적금은 말 그대로 작은 돈을 차곡차곡 모아서 목돈으로 만드는 용도를 위해 탄생한 금융 상품이다. 적금 이외에도 목돈을 만드는 방법이 다양하게 있지만, 돈을 빠르게 모으는 방법은 언제나 '작은 돈부터 저축하기'다. 저축으로 부자가 되라는 것이 아니고 푼돈을 목돈으로 만들기 위함이다. 우리가 젊은 날에 벌어들이는 월급은 훗날 돈벌이 못하는 노후에 쓸 돈까지 포함된 돈이다. 대책 없이 펑펑

쓰며 노후를 준비하지 않던 나는 가난의 고통과 무서움을 이미 알고 있다. 가난했던 과거의 나에게 노후는 재난이며 고통이었다. 노후에 재난을 피할 방법은 오롯이 저축뿐이다. 돈을 공부하기에 앞서 돈을 모으는 습관부터 잡는 것이 먼저다.

작은 돈 모아 본 사람이 큰돈 모을 줄도 안다

번 돈을 적게 쓰는 것만이 돈 모으는 철칙이다. 그 시작점으로 하루에 1만 원부터 모아 보는 것을 제안한다. 절제가 주는 즐거움을 만끽할 수 있는 기회를 만들어 보는 것이다.

하루 1만 원을 모으려면 가장 쉽게는 비싼 점심값을 아끼는 것만으로도 가능하다. 할인 카드와 통신사 혜택을 활용해 편의점에서 저렴하게 끼니를 해결하는 것도 한 방법이고, 식사 후 커피를 마시는 습관을 없애는 것도 좋다. 점심 도시락을 싸는 것은 어떨까? 물론 아끼려고 매일 도시락을 싼다는 건 매우 힘든 일이다. 동료들이 가여운 시선으로 바라보지 않을까 괜히 눈치 보이고 염려되기도 할 것이다. 하지만 점심값을 아끼는 불편함을 참아 내지 못한다면 결국 우리는 돈을 모으는 습관에 실패한다. 소비는 심리다. 감정을 핑계로 돈을 낭비하지 않길 바란다. 우리가 다른 사람들의 시선을 신경 쓰느라 얼마나 많은 소비를 하는지 깨닫는다면 생각이 달라질 것이다.

또한 스마트폰으로 재테크를 할 수 있는 앱 테크로 하루 1만 원을 모을 수 있다. '한국리서치'나 '엠브레인 패널파워' 등에서 설문 조사를 하면 적립금을 얻을 수 있고, 은행 앱에서 하는 이벤트에 참여하거나 출석 체크만 해도 돈을 모을 수 있다. 1원, 10원을 모아서 언제 저축하나 싶겠지만, 십시일반 모으면 적지 않게 모인다. 빵 업체 앱을 이용하면 100원으로 식빵을 살 수 있도 있고, 새로 앱을 다운받으면 포인트를 주는 경우도 있다. 은행 포인트는 현금화가 되기에 실제로 돈이 모인다. 앱 테크는 시간을 할애해야 하는 불편함이 있지만 관심을 가진다면 충분히 돈을 모을 수 있는 방법이다. 현명한 사람들은 이미 앱 테크로 생활비를 절감하고 있다.

아껴도 돈을 모을 수가 없다면 블로그를 활용해 보자. 글쓰기를 좋아하는 분이라면 블로그에서 원고료를 받을 수 있는 체험단을 찾으면 된다. 많은 업체에서 마케팅을 위해 블로거에게 의뢰한다. 의뢰한 내용을 블로그 소개하면 소정의 원고료를 받는다. 글을 쓰는 시간이 익숙하지 않아 처음엔 오래 걸리지만 점차 숙달된다. 체험단 사이트 중 '강남맛집', '리뷰노트', '레뷰' 등이 가장 인기가 좋다.

저축을 거치지 않고는
부자가 될 수 없다

1,000원에서 1만 원까지 작은 금액을 모으는 현상을 카페라테 효

과라고 한다. 매일 4,000원이 넘는 커피를 마시는 대신 저금한다면 1년에 약 140만 원의 목돈이 생긴다. 작은 돈을 아끼고 모으며 목적을 달성했을 때 짜릿함이 온다. 돈을 벌 걱정이 돈을 불리는 재미로 바뀔 것이다. 성공한다면 그 이상의 금액도 거뜬히 모으는 사람이 된다. 쓰는 재미에 빠져 살던 내가 모으는 재미를 알게 된 건 적금 만기를 경험했을 때부터였다.

처음 모으는 종잣돈의 목표액은 얼마로 정하는 게 좋을까? 일단 500만 원에서 1,000만 원의 문턱을 넘어서야 한다. 누군가는 다음과 같이 말하며 우습게 생각할 수도 있다.

"1억 원도 아니고 500만 원이라니, 언제 모아서 부자가 돼?"

첫 관문인 적은 돈을 모았다면 분명 돈 모으기가 재밌어지는 순간이 온다. 돈을 모으지 못하는 장애물은 바로 나 자신이다. 소비하고 싶은 욕구를 조절할 줄 알아야 하는데, 내 마음을 다스리질 못한다. 저축 습관은 태어날 때부터 갖고 태어나는 것이 아니다. 머리가 좋아야 얻을 수 있는 것도 아니다. 그저 인내심과 절제력으로 묵묵히 앞을 보고 나아갈 때 자리 잡는다. 처음은 힘들 수 있지만, 그 보상도 따른다. 소비의 유혹을 물리치고 저축에 재미를 들이는 순간 하루하루가 즐겁다. 월급날이 기다려지고 통장의 올라가는 숫자를 보며 행복해진다.

우리의 뇌는 경험을 단순하게 받아들인다. 처음에는 힘들고 고통스러운 일도 지속되면 익숙하고 편안하다. 하루에 1만 원을 모으는 습관은 저축으로 인생을 바꾸는 마중물이 될 것이다. 당장 달력에 1일 차 저축을 시작하며 '30만 원 모으기 대장정'이라고 적고, 매일 1만 원씩 저금한 액수를 기재하자. 돈을 모으려면 체력을 키우고 저축하는 습관 한 가지에 집중해야 한다. 마음만 앞선다고 돈을 모을 수 있는 건 아니다.

저축이란 한 사람의 삶을 부자로 만드는 도구다. 이제 당신도 돈을 모으는 습관을 만들 차례다.

⒲ 눈덩이 한 번 더 굴리기

함께 부자가 될 동료가 있으면 좋다. 관심사가 같은 커뮤니티나 스터디를 통해 서로 응원하면 돈 모으기가 쉬워진다. 돈을 재미있게 모을 수 있으니 멘토와 동료를 만들자.

2

빚도 갚고 저축도 하는
50:50 저축법

빚을 갚은 자는 큰 벌이를 한 셈이다.

- 가브리엘 뫼리에

"가을 식은 밥이 봄 양식이다."

먹을 것이 흔한 가을에는 먹지 않고 내놓은 식은 밥이 봄에 가서는 귀중한 양식이 된다는 뜻이다. 여유가 있을 때 낭비하지 않고 절약해 두면 훗날 궁함을 면할 수 있음을 비유적으로 얘기한 속담이다.

내일보다 오늘을 만족하는 삶을 살고 싶은가? 지금 고생하더라도 훗날 편한 노후를 맞이하고 싶은가? 후자를 택했다면 월급의 노예가 아닌 주인으로 살아야 한다. 평생 반복해 온 돈 쓰는 습관을 바꿔야 할 때다. 모든 것을 잃기 전에 돈을 관리하라.

나도 평생 돈을 아낄 줄 모르는 사람이었다. "아이들이 어릴 때 종잣돈 모아라"라고 수도 없이 들었지만, 적금 들 돈이 남아 있질 않았다. 월급이 들어오면 마치 저당이라도 잡힌 양 카드사에서 쏜살같이 돈을 빼 갔다. 그동안 돈을 모으는 재미가 아닌 카드를 긁는 재미로 살았기 때문이다.

결국 결혼 10년 차에 월급 쇼크를 맞닥뜨렸다. 월급을 탄 날 남은 통장 잔고가 2만 3,000원이었다. 자동 이체로 카드 대금과 공과금이 빠져나가 생활비조차 남지 않았다. 고기를 실컷 먹은 것도 아니고 멋진 곳을 여행한 것도 아니었는데 어떻게 텅 빈 통장이 됐을까? 지나간 일을 후회하면 뭐 하나 싶었다. 돈을 모아 빈 통장을 채우기로 했다. 계획 세우기를 좋아하지 않는 내가 목표를 세워 100일 동안 500만 원 종잣돈 만들기를 계획했다. 100만 원도 모아 본 적 없이 써 버리는 내가 500만 원을 모으려면 비책이 필요했다.

한 방에 무너지지 않을 안전장치를 마련하라

'저축을 먼저 한 후 지출하라'는 말은 귀에 딱지가 앉을 만큼 듣는 소리다. 빚이 있다면 담보 대출이 아닌 나쁜 빚을 먼저 청산해야 함은 여러 재테크 책에서 강조하고 또 강조한다. 빚 청산과 저축을 함께하고 싶다면 50:50 법칙으로 해 보는 방법도 있다. 예를 들어 50만 원을 저축할 수 있는 여력이 된다면 25만 원은 저축하고 25만 원은 빚을 갚는다. 빚 갚는 속도가 더디지만, 급한 일이 생겼을 때 또 다른 부채가 생기는 걸 막을 수 있다. 비상 자금이 없다면 또다시 빚을 내야 하는 악순환에 빠지기 쉽기 때문이다.

목돈을 모으는 방법에는 특별한 재능이 없어도 된다. 하루 1만 원을 모으는 습관으로 한 달을 무사히 채웠다면 이자가 높은 적금을 찾아보자. 적금 이율을 일일이 찾기는 번거롭다. '금융감독원' 사이트에서 '금융 상품 한눈에'를 클릭 후 '적금'을 누른다. 월 저축액을 기입하고 저축 기간과 적립 방식을 정한다. 금융 권역을 전체로 하고 이자 계산 방식을 선택한 후 검색하면 조건에 맞는 금융 상품이 나온다. 전국에서 가장 높은 이율의 금융 기관이 순서대로 나온다. 이율이 높은 곳에 1년짜리 적금을 들어 만기의 기쁨을 누려 보자. 사실 이자율보다 더 중요한 건 만기를 채워 보는 경험이다.

만기 후 예금으로 재예치할 때는 한 달 만기 예금을 들면 된다. 이자와 함께 한 달씩 풍차 돌리듯 재예치를 하면 복리 효과를 누릴 수 있다. 적금은 1년, 예금은 한 달로 만기를 정하면 어느덧 나에게 묵직한 목돈이 생긴다. 그렇다면 왜 한 달 예금일까? 한 달마다 만기가 돌아오면 계속 예금을 다시 시작해야 하는 불편함이 있는데도 말이다. 살다 보면 중간에 필요한 급한 돈이 생기기 마련이다. 1년 만기는 만기 한 달 전이라도 중도 해약하면 이자가 거의 붙지 않는다. 이런 불상사를 막으려면 불편해도 한 달씩 만기를 해야 이자를 챙길 수 있다.

🪙 눈덩이가 한 번 더 굴리기 _____

돈을 최대한 많이 모으는 것도 중요하지만 언제나 예상치 못한 상황을 대비할 수 있도록 비상 자금을 마련해 둬야 한다.

3

한 달에 100만 원 모으는
가로 세로 저축법

매일 저축하는 작은 금액이 결국 큰 투자로 이어진다.

- 마고 베이더

투자하기 위해서는 기본 자금인 시드 머니가 필요하다. 안전 자산으로 종잣돈을 모으는 방법 중 적금과 예금만 한 것이 없다. 안전 자산으로 종잣돈을 모은 후 목적을 갖고 투자 자산으로 분배해야 한다. 이때 나에게 맞는 저축법이 중요하다. 가로로 나열하는 저축법과 세로로 나열하는 저축법이 있다.

먼저 가로 저축법은 통장에 이름을 붙이고 동시에 여러 목표를 세워 기간과 금액을 나눠서 저금하는 방법이다. 이는 나의 돈 모으기

습관에 도움이 된 방법이기도 하다. 가로 저축법의 방법은 다음과
같다.

평생 습관을 만드는
가로 저축법

첫째, 앞서 한 달에 100만 원을 저축할 수 있는 환경을 만들었다면
6개월짜리 단기 적금 통장을 개설하는 게 우선이다.

여기서 중요한 건 최고의 이율이 아니다. 적금 만기를 경험해 보
는 것이다. 1년짜리 적금에 들고 중도 해약한다면 이자가 거의 없으
므로 짧더라도 우선 6개월을 목표로 해 보는 것이다. 6개월 만기 후
600만 원이란 종잣돈을 만들었다면 6개월 만기 예금에 넣는다. 기간
이 짧기에 조금이라도 높은 금리를 원한다면 일반 은행이 아닌 저축
은행이나 새마을금고를 이용하면 된다.

둘째, 이전 단계에 10만 원을 더해 110만 원씩 역시 6개월 적금 통
장을 만든다.

만기 후 600만 원이 아닌 660만 원이란 종잣돈이 모인다. 이때 앞
서 예금에 넣은 600만 원에 이자가 붙어 함께 돌아온다. 1년 후 이자
를 더해 1,260만 원 이상의 돈을 만들어 낼 수 있다.

셋째, 매달 100만 원을 적금이 아닌 한 달 예금으로 저축한다.

이 방법은 내가 가장 선호하는 저축법이다. 월급날에 100만 원으로 한 달짜리 예금에 가입한다. 한 달 후 만기가 되면 소정의 이자를 더한 금액과 새로운 100만 원으로 두 번째 예금에 가입한다. 만기가 되면 다시 이자와 새로운 100만 원을 더해 세 번째 예금에 가입한다. 이렇게 이자로 인한 복리 효과를 누릴 수 있다. 예금을 붓던 중 수입이 늘었다면 추가로 금액을 더해 한 달씩 예금에 가입하면 1년 후 제법 목돈이 만들어진다. 매달 만기가 오니 이자가 고스란히 복리로 쌓인다.

넷째, 5:3:2의 비율로 적금을 든다.

이 방법은 100만 원을 쪼개 적금을 드는 방법이다. 가장 많이 하는 일반적인 방법으로 적금을 50만 원, 30만 원, 20만 원씩 나눠 가입한다. 우리는 살아가면서 갑자기 자동차 수리비가 필요하다거나 목돈을 쓸 일이 생긴다거나 하는 등 수많은 변수를 마주하기 마련이다. 이때 5:3:2 적금 방법은 100만 원 전체를 해지하는 것이 아니라 20만 원 적금만 해지하면 되기 때문에 다른 적금은 만기를 채울 수 있다. 해지 후에는 20만 원 적금에 다시 가입하면 된다.

특히 사회 초년생이라면 이 방법을 추천한다. 저축은 평생 습관이다. 자동 이체를 걸어 월급날 소리 없이 빠져나가면 어느새 목돈이 내 손안에 들어온다. 5:3:2 적금 방법은 세 번의 만기 기회가 있으니 돈 모으는 습관을 기르기에도 좋다.

빠르게 돈이 모이는
세로 저축법

세로 저축법은 한 가지 목적을 위해 깔때기 안에 쏟아붓듯 저축 금액 전부를 한곳에 모으는 방법이다. 예를 들어 내 집 마련을 위한 저축이나 전세 자금을 위한 저축이라면 명확한 목표가 있기에 빠르게 모을 수 있다. 다만, 세로 저축법은 중간에 해약하면 안 된다는 의지로 시작하는 것이 좋다.

물론 살다 보면 적금이나 예금을 중도 해지해야 할 일이 생길 수 있다. 해지를 하면 원금은 잃지 않으나 굉장히 낮은 이율이 적용된다. 기본 이율에 가입 기간에 따른 최소 적용 이율이 지급된다. 적금이나 예금 상품마다 다르지만 이자를 거의 못 받는다고 보면 된다. 따라서 만기 한두 달 전 꼭 해지해야 할 상황이 생긴다면 해지보다는 예적금 담보 대출을 이용하면 된다. 납입한 금액의 80~90%까지 대출 가능하다. 중도 상환 수수료가 무료이기에 언제든지 중도 상환이 된다. 금리+1% 이자이니 중도 해지로 대출 이자가 적다면 고려해 볼 만하다.

금융 회사에서 실시한 설문 조사 결과에 따르면 직장인의 월평균 저축액이 111만 원이라고 한다. 목돈을 모으기 위해 일정하게 저축하고 있는 직장인이 많다. 저축이 먼저냐, 투자가 먼저냐 한다면 무조건 저축이 먼저다. 저축하는 습관, 지출을 통제하는 습관이 잡혀 있지 않다면 아무리 투자로 목돈을 벌어도 손안의 모래처럼 빠져나갈 수 있기 때문이다. 그러므로 지출 통제와 저축으로 습관을 확실히 잡아 둬야 한다.

저축으로 1,000만 원이 넘는 종잣돈이 생겼다면 이때부터가 금융 투자에 관심을 가질 때다. 자본주의에 사는 우리는 안전 자산으로 돈을 모으고 투자를 통해 자산을 불려야 한다. 하지만 투자를 하기 위해서는 무조건 공부가 선행돼야 한다. 이제 막 경제 신문 읽기와 경제 용어 공부를 시작한 초보자라면 투자는 금물이다. 아끼고 절약해 모은 종잣돈을 한순간에 날려서는 안 된다. 공부하는 동안 적금으로 꾸준히 돈을 모으고, 공부하는 동안 3% 금리를 주는 예치금에 넣어 두면서 매월 2만 원의 이자를 챙기며 지식을 쌓는다면 행복 지수가 높아질 것이다. 티끌 모아 티끌이 아니다. 티끌은 큰돈이 돼 태산을 이루기도 한다.

⟨W⟩ 눈덩이 한 번 더 굴리기 _____

100만 원을 모으는 동안 다음 스텝을 이어 갈 발판을 만들어 보자. 종잣돈을 모으는 시기에 금융 공부와 경제 용어 공부만 해도 큰 도움이 된다.

④

쏟아붓는 재미가 있는
깔때기 저축법

부뚜막 농사를 잘해야 낟알이 흔해진다.
- 속담

100일에 500만 원을 모으려면 단순 계산으로는 하루에 5만 원을 모아야 한다. 하루에 5만 원을 쓰는 건 일도 아니지만 5만 원을 버는 것도, 모으는 것도 막상 해 보면 어려운 일이다. 마치 불가능한 목표처럼 보인다. 돈을 모으기 전에 한숨부터 나온다면 고민하고 머리쓰지 말자. 때로는 단순 무식하게 돈을 모으는 것도 필요하다. 일명 깔때기 법칙이다.

깔때기는 입구가 넓다. 여기서 깔때기 입구는 돈이 들어오는 구멍이다. 크고 넓을수록 좋다. 반면에 돈이 나가는 구멍은 작아야 한다. 깔때기 입구를 넓히려면 파이프라인을 넓히고 투잡을 해야 한다. 부수입을 올리든 내 몸값을 올리든 노력한 만큼 깔때기 입구가 넓어진다. 또한 집을 정리하며 여기저기 들어 있는 통장의 잔액을 찾아 깔때기에 쏟아붓듯 하나로 묶어 놓으면 액수가 늘어난다. 지난달보다 늘어난 저축액을 보면 더 저축하고 싶어지는 것이 사람 마음이다. 가장 최근의 잔액이 397만 5,000원이라고 한다면 2만 5,000원만 더 있으면 400만 원이다. 이럴 때 사람은 심리적으로 앞자리가 4로 바뀌는 것을 빨리 보고 싶어 한다. 2만 5,000원을 어디서 끌어당겨 저축할까 고민이 시작되며 행동하는 사람이 된다.

수입의 문을 넓히고
지출의 문을 좁혀라

이런 깔때기 법칙을 실행해 호주에 집 다섯 채를 가진 M을 소개해 본다. 이민한 지 16년 차의 그녀는 호주에서 두 개의 사업을 운영한다. 호주 영주권을 받을 정도로 한국에서 준비도 철저히 했고 아이들도 잘 자랐지만, 의외의 복병이 있었다. 돈에 대한 개념이 너무도 부족하다는 사실이었다. 남편과 우연히 견본 주택 여러 곳을 구경하고 돌아오는 차 안에서 현실을 자각하는 시간을 맞았다. 집을 사고 싶었지만, 통장에는 겨우 500만 원이 있던 것이다.

또다시 500만 원을 모으기 위해 그녀는 그날 이후 절박하게 무조건 돈을 모으기 시작했다. 투잡으로 어린이집과 공부방을 운영하면서 하루 12시간씩 일하고, 그 돈을 모두 그냥 모았다고 한다. 호주에서는 통장 쪼개기나 풍차 돌리기같이 통장을 여러 개 만드는 것이 어렵다. 그래서 그냥 버는 족족 깔때기에 쏟아붓는 것처럼 무조건 하나의 통장에 다 넣었다.

들어오는 돈은 무조건 쏟아붓고 돈을 써야 할 퇴로는 모두 막았다. 일주일에 한 번 장을 봐서 어린이집 아이들과 함께 집밥을 해 먹었다. 돈을 모으겠다고 결심한 후 커피 한 잔을 사 먹지 않았고, 외식 한 번 하지 않았다. 돈이 생기는 대로 바로바로 통장에 넣었다. 통장이 하나다 보니 어디에 얼마를 넣을지 고민하지 않아도 돼 차라리 좋았다. 그렇게 쏟아붓기만 한 결과 100일도 안 돼 500만 원이 빠르게 채워졌다. 이후에도 같은 방식으로 모은 돈이 1억 원이 넘었다고 하니 정말 놀라운 일이다.

그때부터는 투자를 시작했다. 내 집 없는 설움 대신, 딸들이 찾아올 수 있는 친정을 만들어 주고 싶었다고 한다. 그 결과 이제는 호주에 다섯 채의 집을 가진 사람이 됐다. 돈에 대한 개념도, 감각도 전혀 없는 채로 절박한 현실을 회피하지 않고 제대로 마주했다. 스스로가 부끄럽고 한심했지만, 거기에서부터 변화가 시작됐다며 그녀는 깔때기 법칙을 적극적으로 추천했다.

나도 깔때기 덕을 본 사람이다. 아들이 국방의 의무를 다할 때 군인 적금을 납입하고 있었다. 그 당시에 이율이 5%로 꽤 높았는데 최대치를 넣어도 군인 일병 월급으로는 100만 원 만들기가 쉽지 않았다. 제대 후 등록금을 만들어 놓아야 하기에 추가로 400만 원을 모아야겠다는 생각이 들었다. 자유 적금은 1,000원도 저축할 수 있다는 소리에 깔때기 법칙을 적용했다. 월급날에 저축하고 부수입과 물건을 팔아 생긴 돈을 모조리 저축 통장에 넣었다. 수시로 넣으니 1,200원을 넣은 날도 있고, 어느 날엔 12만 원을 넣기도 했다. 무식할 정도로 저축한 결과 아들의 등록금을 내고도 500만 원을 추가로 모을 수 있었다. 이처럼 때론 단순하고 무식한 방법이 큰돈을 모으기도 한다. 생계에 필요한 최소한 비용을 제외한 모든 돈은 한 통장에 쏟아 부어야 목돈이 만들어진다.

깔때기 법칙을 이용할 때 반드시 필요한 건 목표 날짜와 액수를 정하는 일이다. 3개월부터 1년 단위가 좋다. 만기가 길면 지쳐서 하기 힘들어진다. 인터넷 통장인 카카오뱅크, 토스, 케이뱅크에 수시로 넣는 적금을 위해 지독하게 아끼고 정해진 날짜까지 직진하면 된다. 누군가 그렇게까지 해야 하냐고 물을 때 나는 '그렇다'고, 목표 금액 500만 원이 적더라도, 초과해도 괜찮으니 당장 시작하라고 말해 주고 싶다.

푼돈 1,000원이 만들어 내는 목돈은 커질수록 단단해져 강도가 세진다. 월급이 적다고 포기할 것이 아니라 내가 가진 경험으로 퇴근 후 부업이라도 해서 100일에 500만 원을 만든다면 푼돈으로 모은 돈 맛을 경험할 것이다. 세상에는 공짜가 없다. 부는 노력한 만큼 따라온다. '내일부터 저축해야지, 내일부터 시작해야지' 하는 결심은 미래로 도망가는 것이니 지금 당장 돈이 들어오는 깔때기 입구를 늘리고 돈이 나가는 출구를 좁히는 일을 시작하자.

Ⓦ 눈덩이 한 번 더 굴리기 _____

100일이란 허들을 넘는다면 머니 파워가 생긴다. 원하는 부를 쌓으려면 장애물을 넘어야 한다. 허리띠를 바짝 졸라매고 돈이 나가는 퇴로를 모두 막아라.

5

역산 저축법으로
100일에 500만 원 모으기

작은 부자는 노력이 만들고,
큰 부자는 하늘이 만든다.
- 속담

돈을 모으겠다고 계획을 세우는 순서에는 두 가지가 있다. 현재를 기점으로 순차적으로 100일을 목표로 세우는 방법과 미래의 목표 달성일인 100일 후를 기점으로 역산해서 당장 어떻게 모아야 하는지 계획하는 '역산 저축법'이다.

나는 능동적인 삶을 살기 위해 역산으로 돈을 모은 적이 있다. 부동산 역전세로 세입자에게 5,000만 원을 돌려줘야 했다. 1년에

5,000만 원을 어떻게 모을 것인가를 먼저 생각했다. 역산하면 한 달에 416만 원을 저축해야 한다. N잡러로서 수입이 일정하지 않아 내게 들어오는 돈의 평균치를 잡아야 했다. 300만 원은 월세, 인세 등 각종 파이프라인에서 들어오는 금액으로 가능했다.

하지만 116만 원은 추가 수입이 있어야 가능했다. 나는 포기하지 않고 방법을 찾기 시작했다. 이때 부수입을 만든 건 금융 투자였다. 공모주와 배당주 그리고 가상 화폐인 비트코인으로 얻은 수익을 무조건 모았다. 블로그에서 발생하는 애드포스트 수입도 추가 부수입에 도움이 됐다. 결국 한 달이 추가된 13개월 만에 5,000만 원이란 큰돈을 모아 무사히 역전세를 넘겼다. 목표가 명확하니 방점을 찍고 달려갈 수 있었다.

월급이 220만 원인 사람이 100일 후 500만 원을 모으고 싶다고 가정해 보자. 역산하면 매일 5만 원씩 저축해야 한다. 한 달로 역산하면 166만 원 이상을 저축해야 하는데, 그 금액을 빼면 한 달에 54만 원으로 살아야 한다는 결론이 나온다. 166만 원은 없는 셈 치고 이 금액으로만 살겠다는 굳은 결심과 함께 지출할 내역을 미리 나열해 보자. 꼭 필요한 지출이 아니라면 무조건 지출을 통제해야 한다. 친구 생일에 선물을 해야 하는 경우는 미안하지만 금액을 훅 줄여 본다. 이달에 모임이 있다면 이번 모임에는 나가지 않기로 약속을 취소해 보는 건 어떨까. 54만 원이라는 금액으로 한 달을 살아야 한다고 결심하니 생각 없이 쓰던 핸드폰 요금제가 보일 것이다. 이참에 알뜰 폰으로 바꾸면 개인에 따라 4~5만 원 이상은 절약할 수 있다.

이전처럼 지출 먼저 하고, 남은 돈을 모았다면 220만 원에서 겨우 30만 원만 저축할 수 있었을 것이다. 하지만 목표를 정하고 역산으로 쓸 수 있는 돈을 계산하고 나면 돈이 샐 구멍을 틀어막을 수 있다. 그동안 뿌리치지 못한 유혹을 뿌리칠 수 있고, 과소비를 물리칠 수 있다. 스트레스는 당연히 줄어든다. 54만 원으로 도저히 한 달을 살기 어렵다면 투잡을 하는 방법이 있다. 욕심 부리지 않고 50만 원만 더 벌자는 의미로 종일 아르바이트를 하는 게 아니라 하루 3~4시간 정도만 하면서 저축하면 여유가 있는 생활을 할 수 있다. 최근 젊은이들 사이에서는 퇴근 후 잠깐 짬을 내서 배달 아르바이트를 하는 사람도 많다고 한다.

미래를 기준으로
현재를 바라보라

100일 동안 돈 모으기에 집중하지 못하면 큰돈 모으기는 더욱 어려워진다. 역산은 시작점에서 서성이지 않고 목표 지점에서 시작하는 것이다. 현재에서 미래를 보면 언제 그 큰 금액을 모으나 까마득해 보이지만, 미래를 기준으로 현재를 보면 거꾸로 계산하기에 돈 모으는 속도가 빨라질 수 있다.

100일에 500만 원을 모으기 위해서는 기간별로 얼마를 저축해야 하는지 명확한 수치로 역산하면 다음과 같다.

- 1개월: 166만 원
- 15일: 75만 원
- 7일: 35만 원
- 1일: 5만 원

500만 원이란 금액을 잘게 쪼갤 필요가 있다. 시급으로 따지면 법정 근로 시간이 8시간이니 시간당 6,250원인 셈이다. 시간은 돈이다. 100일에 500만 원을 모으려면 1시간에 6,250원을 벌어야 한다. 멍때리며 딴짓할 시간이 없다. 하루를 그냥 보내면 5만 원이란 돈이 허공에서 사라진다. 물건을 팔든 재능을 팔든 돈을 모을 수 있는 방법을 찾아야 한다. 돈을 모으는 과정을 시뮬레이션해 보는 것도 성공의 지름길이다. 부수입으로 추가 수입이 들어오기 시작하면 소비하는 재미보다 돈 모으는 재미를 알게 된다.

커다란 종이에 형광펜으로 '100일에 500만 원 모으기'를 적고 잘게 쪼개진 날짜와 시간을 눈에 보이게 적는다. 목표 금액이 아닌 목표 달성 방법에 초점을 맞춘다면 우리의 뇌는 '어떻게 하면 될까?'라는 질문을 던지고 그 방법을 찾고 터득하게 된다. 따라서 가장 확실한 건 거꾸로 계산하는 역산으로 돈을 모은다면 지금은 가난한 삶일

지라도 반드시 좋은 날이 온다는 사실이다.

경영 컨설턴트인 간다 마사노리는 "성공하는 사람은 미래로부터 역산해서 현재의 행동을 결정한다"라고 말했다. 99%는 현재의 기점에서 미래를 예측하고, 1%만이 미래의 시점에서 지금 어떻게 행동해야 할지 생각한다.

ⓦ 눈덩이 한 번 더 굴리기

부자가 되는 방법은 목표를 명확히 하고 바로 시작하는 것이다. 계획한 날로부터 24시간 이내에 실행하자. 시간은 돈이다.

6

잔고도 쌓이고 신뢰도 쌓이는
공동 적금 챌린지

행동의 가치는
그 행동을 끝까지 이루는 데 있다.
- 칭기즈 칸

코로나19 유행이 한창일 때 '줌 독서실'이 크게 인기를 얻었다. 그냥 줌 화면을 켜 놓고 각자 공부하는 단순한 시스템인데도 참여자가 많았다. 이는 함께하고 싶은 사람의 심리가 깔려 있는 것이다. 함께하면서 외로움도 이겨 내고 꾸준히 하고자 하는 의지를 다질 수 있다.

돈 모으기에도 이 심리를 적용할 수 있다. '100일 공동 적금 챌린지'는 돈 모으는 과정에 게임처럼 여럿이 함께하며 모으는 적금이다.

우선 누가 함께할 것인지 정하고 케이뱅크 앱을 다운받는다. '상품' 카테고리에서 '예적금'에 들어가면 '모임비 플러스'라는 옵션이 있다. 다만 공동 적금을 함께할 사람도 케이뱅크에 가입해야 한다. 물론 혼자서도 가능하고, 인원이 적어도 가능하지만 인원이 많을수록 이율은 높아진다. 10명이 모이면 최대 10%의 이자를 받는다.

함께할 사람을 모았다면 숫자 1~100이 적혀 있는 룰렛을 다운받아 친구들이나 가족이 있는 단톡방에 공유하고 매일 룰렛을 돌려 보자. 매일 같은 시간에 룰렛을 돌려 나온 숫자에 1,000원을 곱해서 입금하는 방법이다. 이는 룰렛을 돌리며 저축을 게임처럼 과정화하고, 가시화하며 재미를 들일 수 있다는 장점이 있다.

공동 적금 룰렛 돌리기 방법은 다음과 같다.

- 핸드폰 앱에서 룰렛을 돌린다.
- 10이란 숫자가 나오면 10×1,000원이니 1만 원을 공동 적금에 입금한다.
- 55란 숫자가 나오면 5만 5,000원이니 부담이 가더라도 공동 적금에 입금한다.
- 100이란 숫자가 나오면 최고치인 10만 원을 공동 적금 계좌에 입금한다.

어떤 숫자가 나올지 예측할 수 없어 게임처럼 운영하니 매번 스릴이 넘친다. 같은 숫자가 나오면 한 번 더 돌리면 된다. 중도에 포기할 수도 없기에 강제성이 있다. 단, 인원이 너무 많으면 중도 포기할 핑계가 많아진다. 참여 인원은 2~3명이 좋다. 이렇게 100일이 지나면 1,000원부터 10만 원까지 무조건 내야 하기에 500만 원이 조금 넘는 돈을 모을 수 있는 마법 같은 방법이다. 룰렛을 돌려 큰 숫자가 나올까 부담스러워 돈을 쓰지 않으려 노력하게 되는 것도 일석이조의 효과다. 짧은 시간에 500만 원이라는 돈을 모으는 건 쉽지 않다. 그럼에도 룰렛 챌린지를 두 번 돌린다면 6개월에 1,000만 원이란 큰돈이 생긴다.

매번 룰렛 돌리기가 번거롭다면 100개의 숫자를 쓰고 안 보이게 접어 경품 추첨하듯이 뽑기로 입금하는 방식도 있다. 이때 뽑은 숫자는 따로 빼 두고 남아 있는 숫자로만 뽑는다. 이런 방법은 가까이 있는 가족과 함께 하면 좋다. 성인이 된 가족이 한집에 있다면 뽑기나 룰렛 돌리기 결과대로 입금하면 된다. 모으는 금액을 가족과 공유하면 모으는 재미가 더해진다.

단, 공동 적금은 기간이 길어서는 안 된다. 게다가 가족이나 친구라도 마음이 맞아야 하고 꼬박꼬박 낼 수 있는 여건이 돼야 한다. 만약 한 사람이라도 실직했다든가 월급이 늦게 나온다면 유지하기가 어렵다. 따라서 이를 방지하기 위해서는 한두 달의 여윳돈이 필요하다.

함께하면 적금 만기가
쉬워진다

공동 적금은 가족이나 친구 모두가 저축 습관을 기르고 목돈을 챙길 수 있다는 것이 최대 장점이기 때문에 훌륭한 저축 방법이다. 가족과의 공동 적금은 가족 간에 신뢰를 쌓고 돈독하게 한다. 500만 원이 만기됐을 때 만기 금액과 작은 이자가 나오니 그동안 고생한 가족들과 함께 맛있는 한 끼 식사를 하며 보상 시간을 갖는다면 지금의 힘듦을 충분히 버텨 낼 수 있다.

저축해 본 사람이라면 돈을 절약해 모은다는 것이 얼마나 힘든지 안다. 어쩌면 힘들게 운동하고 식단을 지키며 본능과도 싸워야 하는 다이어트보다 더 힘들 수도 있다. 소비를 끊어야 하고 끊임없이 사고 싶은 욕망과 싸워야 하기 때문이다. 공동 적금 챌린지는 힘들다는 이유로 중도에 포기할 수 없다. 혼자가 아니기에 쉽게 포기하지 않게 된다. 자연스레 적금 만기를 경험할 수 있기 때문에 저축에 대한 사고방식이 좋아진다. 금액을 줄여 자녀에게도 같은 방법으로 저축 습관을 만들어 줄 수 있다. 자녀와 함께 저축하기 챌린지를 하면 자녀가 금융 지식을 쌓는 데도 도움을 준다.

나는 손녀가 말귀를 알아들을 때쯤 손녀와 함께 공동 적금 챌린지를 할 생각이다. 지금은 손녀를 보러 갈 때마다 1만 원씩 통장에 넣어 주고 있다. 가까이 살다 보니 자주 만나기 때문에 제법 돈이 모였다. 지금의 1만 원은 작은 돈이지만, 아이가 자랐을 때 얼마의 돈이 될지는 아무도 알 수 없다. 손녀가 조금 더 크면 스스로 관리하게 하고 돈을 모으는 방법인 경제 공부도 시킬 생각이다. 자녀에게 하지 못했던 금융 공부를 손녀를 통해 발산하는 중이다.

우리는 엄마라는 이유로 나 자신도 예상치 못했던 잠재력을 발휘할 때가 자주 있다. 공동 적금 챌린지도 그와 비슷하다. 자녀에게 좋은 본보기가 되겠다는 마음, 가족과 함께한다는 책임감이 더해지면 포기하지 않고 끝까지 갈 수 있을 것이다.

ⓦ 눈덩이 한 번 더 굴리기 _____

카카오뱅크나 케이뱅크에서 얼마를 저축했는지 입금자가 금액을 확인할 수 있는 공동 적금이 있다. 적금 만기를 함께 경험할 수 있는 좋은 기회니 놓치지 않길 바란다.

7

잠자고 있는 돈을 깨워라

쓰고 남은 것을 저축하지 말고,
저축하고 남은 것을 써라.
- 워런 버핏

대한민국에서 절약 잘하기로 소문난 사람들이 모인 곳은 당연히 다음 카페 '짠돌'이다. 이곳에는 연봉보다 많이 저축하는 사람은 물론 재활용해서 돈을 모으는 짠순이부터 밥 먹듯이 저축하는 작은 부자들이 모여 있다. 부채가 많아 저축이 어렵다면 하루에 한 가지씩 아껴서 저축하는 방법이 있다.

흔히 '고물상' 하면 누구나 대부분 연세가 지긋한 어르신들을 떠올릴 것이다. 하지만 나는 S가 제일 먼저 떠오른다. 40대 초반에 얼굴도 예쁘장한 S는 주기적으로 고물상에 간다. 그곳에 물건을 팔아 몇천 원 안 되는 돈이라도 꼬박꼬박 모으고, 그걸 또 가계부에 적고, 블로그에 인증하면서 짠테크의 대표 주자로 자리 잡았다. '만약 내가 그 나이라면 S처럼 할 수 있을까?' 생각해 본다. 그까짓 푼돈 안 벌고 말 거라고 생각했을 것이다. S라고 고물상 가는 것이 좋을까? 진짜 부자는 마인드부터가 다르다. S가 그런 사람이었다. 푼돈을 소중히 여기는 사람만이 큰돈을 모을 수 있다. 나는 당당하게 고물상에 가고 그렇게 번 돈을 블로그에 공개하는 그녀가 너무나 멋있다. S는 그런 경험을 바탕으로 한 달 총지출을 200만 원에서 170만 원으로 절약하면서 한계치에 도전하는 것도 너무 재밌단다. S의 미래가 어떨지 진심으로 기대된다.

숨은 돈을 찾는
정리 정돈의 힘

꼭 고물상에 가라는 뜻이 아니다. 버리면서도 돈을 버는 정리 정돈은 누구나 할 수 있다. 바로 하루에 한 장소를 정리하는 것이다. 부담이 큰 사람일수록 작은 장소부터 시작하는 것이 좋다. 정리 정돈을 하다 보면 내가 갖고 있었는지도 모르는 물건들이 발견되기 마런이다. 나 역시 정리 정돈을 해 보니 체중계가 두 개 있고 사은품으로 받고 뜯지도 않은 주방 용품도 있었다. 사용하지 않는 물건을 매일 중고 거래로 판매하니 100만 원이 넘는 부수입이 생겼다. 중고 거래에 재미를 느끼는 내 모습을 보곤 남편이 웃으며 가족만 버리지 말라고 할 정도다.

돈을 받을 수는 없지만 그렇다고 버리기에 아까운 물건은 나눔을 했다. 나에게는 필요 없는 물건이지만 다른 누군가에게는 유용하게 쓰인다면 나도, 그도, 물건에게도 좋은 일이다. 그렇게 비우고, 버리고 나누면서 마음에도 행복이 찾아왔다. 짠테크가 마음 부자가 되는 지름길인 것만은 확실하다. 집도 미니멀로 간소해지고 중고 거래로 현금이 들어오니 아끼는 재미를 느끼게 된다. 정돈된 집을 보면 물건을 사고 싶은 욕구도 사라지니 충동구매도 예방한다.

안 보는 책을 중고 서점에 판매해도 부수입이 생긴다. 책장에만 꽂혀 있던 책이 필요로 하는 다른 누군가에 갔을 때 더 중요한 역할을 하며 한층 더 빛날 수 있는 기회기도 하다. 분리수거로 버려지는 대신 중고 서점인 알라딘이나 예스24에 판매를 의뢰하면 된다. 직접 가서 판매해도 되지만 온라인 중고 거래가 더 활발하다. 방법도 간단하다. 알라딘 사이트에 접속해 회원 가입을 하고 홈 화면에서 판매하고 싶은 도서명을 검색한다. 매입하지 않는다는 문구가 나오면 너무 오래된 도서거나 찾는 수요가 없다는 것이다. 판매하고 싶은 도서명을 검색해 연속해서 판매 장바구니에 담고 온라인 중고샵에서 '알라딘에 중고 팔기'를 클릭한다. 온라인 중고 매입 가격은 도서의 상태에 상관없이 거의 균일가로 진행된다. 이후 알라딘 지정 택배사를 선택하면 된다. 1만 원이 넘으면 무료지만 넘지 않을 때는 배송료가 차감돼 정산된다. 조금 번거롭더라도 직접 중고 서점에 가면 직원이 도서의 상태를 직접 확인할 수 있기 때문에 매입 가격이 높아지기도 한다.

쓰는 맛보다
쌓이는 맛을 경험하라

앱 테크에 관심이 많아 오래 했다면 이벤트 당첨이나 퀴즈, 출석 체크로 기프티콘이 생기기 마련이다. 요즘은 생일이나 기념일에 친구나 동료에게 카톡으로 기프티콘을 받는 일도 자주 있다. 하지만 기프티콘의 경우 금액을 정확하게 맞추거나 그 이상의 금액을 결제할 때만 쓸 수 있다 보니 오히려 추가 지출을 하는 경우가 생긴다. 굳이 필요 없는 소비를 하기보다 받은 기프티콘을 현금화하는 건 어떨까? 사용 방법도 쉬워 필요시에 간단하게 판매할 수 있다. 선물로 받은 거라 미안할 때도 있지만, 작정하고 돈을 모을 때는 이렇게 얻는 수입이 꽤 쏠쏠하다. 기프티콘으로 마치 공짜처럼 먹는 행복감도 있겠지만, 쓰는 맛보다 쌓이는 맛을 경험해 보면 더 이상 돈 쓰기가 싫어진다.

특히 가장 크게 아낄 수 있는 건 변동비인 식비다. 장 보는 요령만 터득해도 마트 카트에 먹을거리를 한가득 담아 오지 않는다. 식재료를 사러 가기 전 냉장고 정리가 우선이다. 옷장을 정리할 때 옷을 다 꺼내야 하듯이 냉장고를 정리할 때는 가득 채운 재료를 꺼내서 버릴 건 버려야 한다. 그리고 사용할 재료는 냉장고 지도를 만들어 적어 두면 좋다. 이미 있는 재료를 더 쟁여 두지 않도록 정기적으로 냉장고 정리를 하길 바란다. 처음에만 큰일이지, 습관이 되면 좋다.

장을 보러 갈 때는 대형 마트에 가지 않고 동네 마트를 이용한다. 냉장고 재료를 확인 후 쇼핑 리스트를 적어 혼자 장을 보고 온다. 다른 사람과 함께 가면 계획한 것보다 더 많은 재료를 사게 된다. 특히 아이들과 함께 가면 아이들 성화에 한두 개 더 담는 것을 무시할 수 없다.

장을 봐 온 식재료로 식단을 짜고 만든 국이나 찌개를 냉동하는 방법으로 한 달 식비를 30만 원 이상 줄일 수 있다. 고등어로 두 가지 요리가 가능하다. 한 마리는 고등어구이로, 한 마리는 고등어조림으로 해 먹는다. 콩나물도 한 봉지 사 오면 반은 국을 끓이고 반은 무침에 넣거나 콩나물 불고기를 만들어 먹으면 좋다. 한 가지 재료로 두세 가지 반찬을 만들 수 있다면 궁상맞지 않게 절약할 수 있는 좋은 방법이다.

이처럼 하루에 한 가지씩 아끼겠다는 마음으로 정리하다 보면 생활 속에 숨겨진 돈을 찾을 수 있다. 정리할 목록을 나열해 순서를 정해 보자. 중고 거래로 판매할 물건과 버려야 물건의 목록을 나열하고 버릴 것은 먼저 버리고, 판매하다 보면 생각지도 못한 돈이 생긴다. 공돈이라는 마음으로 어디에 쓸지 궁리하지 말고 차곡차곡 모은다면 원하는 목표에 다가갈 수 있는 소중한 종잣돈이 될 것이다.

🅦 눈덩이 한 번 더 굴리기

기프티콘을 판매하는 앱에는 '기프티스타', '니콘내콘', '팔라고' 등의 앱이 있다. 생일에 받은 쿠폰이나 이벤트로 받은 쿠폰을 모두 판매해 저축하면 공돈이 모인다.

8

매달 돌아오는
만기를 만끽하라

복리를 이해하는 자는 돈을 벌 것이며
복리를 모르는 자는 그 대가를 치를 것이다.

- 알베르트 아인슈타인

어떤 일을 잘하게 되기까지는 반드시 채워야 하는 시간이 있다. 그때까지는 비록 재미가 없을지라도 강제로 해야 할 필요가 있다. 돈 모으기도 비슷하다. '풍차 돌리기'는 이런 강제성을 십분 활용한 방법이다. 풍차를 돌린다는 뜻은 매월 1년 만기 예적금 상품에 새로 가입해 큰돈을 만드는 재테크 방식으로 돈이 풍차처럼 계속해서 돌아가 쉬지 않고 불어난다고 해서 붙은 명칭이다.

복리로 자산을 불리고
만기로 성취감을 맛보라

한 달에 한 개씩 통장을 개설하면 1년 후에는 12개의 통장이 생긴다. 1년이 지난 시점부터 다달이 원금과 이자 수익을 받을 수 있는 것은 물론, 만기 예적금을 은행에 다시 예치하면 복리 효과를 얻을 수 있다.

예를 들어 매달 10만 원씩 내는 1년짜리 적금 통장을 만든다. 두 번째 달에 적금 통장 하나를 추가해 월 납부금을 20만 원으로 늘린다. 이렇게 한 달마다 적금 통장을 늘리는 방법으로 12번째 달에는 월 납입액이 120만 원이 된다. 조금 부담스러울 수도 있지만 반대로 13개월 차부터 첫 번째 냈던 통장의 만기가 돌아오니 내야 하는 부담이 없어진다. 게다가 매달 돌아오는 120만 원 이상의 만기 금액은 그동안의 고생에 대한 보답이 될 것이다.

풍차 돌리기와 같은 맥락이지만 더 짧은 기간에 목돈을 모으려면 조금 다른 방법을 적용해야 한다. 500만 원을 100일 동안 모으겠다고 결심하고 1월 첫 주부터 적금 풍차 돌리기를 시작한다면 1년이 아닌 100일이란 기간에 맞춰 적금 통장을 만들고 첫째 주에는 20만 원을 넣어야 한다. 둘째 주는 적금 통장 하나를 더 만들어 첫 주와 같은 금액 20만 원을 적금 통장에 납입한다. 셋째 주도 새로운 적금 통장에 20만 원을 넣는다.

1주 차: 20만 원

2주 차: 40만 원

3주 차: 60만 원

이렇게 3주가 지나면 120만 원의 목돈이 생긴다. 120만 원은 예금으로 묶어 놓고 다시 작심삼일처럼 새로운 적금을 든다. 매주 만기가 돌아오기에 만기를 경험해 본 적이 없는 사람에게는 작은 성취감을 준다.

3주마다 새로운 적금에 가입하는 과정이 번거로울 수도 있지만, 돈 모으는 습관을 갖고자 한다면 이 방법을 추천한다. 새로 가입하며 저축하는 재미가 생기기도 한다. 한 주가 지날수록 금액이 늘어나 부담되지만, 13주가 됐을 때는 이자를 포함해 550만 원 정도의 목돈이 생긴다. 이 방식으로 빠르게 500만 원을 모았다면 다시 천천히 1년 계획을 잡아 매월 적금 가입 방법으로 저축하는 방법도 괜찮다.

저축은 꾸준함이 전부다

목돈을 빠르게 모을 수 있는 풍차 돌리기에는 장점과 단점이 있다. 장점은 다음과 같다.

- 누구나 쉽게 시작할 수 있어 재테크를 해 본 적이 없는 사람이 입문하기 좋다.
- 꾸준하게 돈 모으는 습관이 길러지며 자산이 꾸준히 증가하는 것을 경험할 수 있다.
- 여러 개의 적금 통장으로 매주 또는 매달 만기에 대한 성취감을 느낄 수 있다.
- 안정적이고 손실 위험이 없는 투자 도구다.

반면, 풍차 돌리기에는 다음과 같은 단점도 있으니 주의해야 한다.

- 매주, 매달 새로 가입해야 해서 귀찮다.
- 매주, 매달 만기를 경험하고 이자가 입금되지만, 투자 수익이 다른 금융 투자에 비해 상대적으로 낮다.
- 회차가 지날수록 점점 내야 하는 납입금이 부담된다.

최근에 금리가 오르면서 은행 예적금의 이자도 높아져 풍차 돌리기에 대한 관심도 커지고 있다. 이율이 6%인 '카카오뱅크 26주 적금' 가입 방법을 알아보자. 우선 카카오뱅크에 계좌 개설이 돼 있어야 한다.

1. 카카오뱅크 앱에 들어가서 오른쪽 아래 끝에 더 보기 모양을 클

릭한다.

2. 26주 적금을 클릭하고 신청하기를 누른다.

3. 26주 챌린지에서 금액을 정하고 도전 금액을 선택한다.

예시로 1,000원을 선택하고 납입하면 1주 차에는 1,000원, 2주 차는 2,000원을 낸다. 3주 차는 3,000원 그리고 마지막 26주 차가 되면 2만 6,000원을 내게 되고 총 35만 1,000원을 모을 수 있다. 여기에 풍차 돌리기를 추가한다면 금액이 늘어난다.

카카오뱅크의 경우 26주 적금을 개인이 계좌를 최대 30개까지 만들 수 있다. 1,000원 적금에 가입하고 매주 새로운 26주 통장을 개설해 총 26개의 적금 통장을 만드는 것이다. 1,000원을 선택하면 2주 차에는 2,000원(1번 계좌)+1,000원(2번 계좌)인 3,000원을 내고 3주 차에는 세 개의 통장이 생기는 것이다. 3,000원(1번 계좌)+2,000원(2번 계좌)+1,000원(3번 계좌) 총 6,000원의 돈을 낸다. 이런 방법으로 24주 차에는 30만 원의 돈을 입금하고, 26주까지 납입하면 27주 차부터 매주 만기가 총 26번이나 돌아온다.

이제부터라도 돈을 꾸준히 모으는 습관이 필요하다면 카카오뱅크 26주 적금을 추천한다. 한 주라도 빼 먹으면 우대 금리를 받을 수 없으니 알람을 설정하고 내면 된다. 생각보다 생활이 쪼들리지 않는다는 것 그리고 생각보다 자기 자신에게 끈기가 있다는 사실을 깨닫게

될 것이다. 자신을 믿는 것이 부자를 만드는 가장 중요한 마음가짐
이다.

⟨w⟩ 눈덩이 한 번 더 굴리기
_____

나에게 맞는 돈 모으는 방법을 찾아 시작하는 게 우선이지만 때로는 강제성을 부여하는 것도
한 방법이다.

모으기

취향 따라 선택하는 다양한 저축법

365 저축법

매일 1,000원씩 하는 강제 저축으로 달력에 매일 늘어나는 금액을 표시한다. 자동 이체를 걸어야 하루라도 빼먹지 않는다. 매일 조금씩 액수를 더해 가며 저축액을 늘리는 방법도 있다. 첫날에 1,000원으로 시작해 이틀째는 2,000원, 30일에는 3만 원씩 저축하면 한 달이면 46만 5,000원이다. 그렇게 365일이 되면 500만 원이 넘는 금액을 모을 수 있다.

규칙 저축법

돈이 모이는 속도가 빨라지면 '100일에 500만 원 모으기'처럼 규칙을 정한다. 매월 166만 원 정도 저축해야 하니 지출을 통제하는 힘이 생긴다. 500만 원 성공의 문턱을 넘어가면 3,000만 원을 모으는 속도엔 가속이 붙는다. 5,000만 원이 되면 부동산 소액 투자도 가능하다. 규칙 저축법은 앞서 이야기한 역산 저축법과 같은 의미다. 월급 통장에서 자동 이체로 매월 166만 원을 뚝 떼서 3개월에 걸쳐 선 저축하는 방식이다. 자동 이체한 통장은 만기까지 쳐다보지 않아야 한다.

공돈 저축법

앱 테크를 해서 생긴 돈이나 쿠폰 받기, 당근으로 물건 판매 등 수입 외에 공짜로 들어오는 돈을 모으는 방법이다. 부수입 또한 이곳에 모은다. 블로그를 쓰면 나오는 애드포스트도 공돈이다. 이 돈은 예상치 못한 지출이 발생했을 때 사용하기 좋다. 우리는 예기치 않은 공돈이 생기기도 한다. 공돈은 쉬운 돈이라 생각해 소비로 이어지는 경우가 많다. 공돈을 모아 가족에게 한턱내거나 지인을 만날 때 쓴다면 생활비 출혈이 없기에 쓰면서도 뿌듯하다.

3 단계

투자 소득은
부를 향한
첫걸음이다

금융 재테크로 2,000만 원 만들기

1

많이 버는 투자가 아닌
잃지 않는 투자를 하라

개인 투자자는 투기꾼이 아니라
투자자로서 일관되게 행동해야 한다.

- 벤저민 그레이엄

저축만으로 부자가 될 수 없는 세상이 왔다. 금융에 관한 경제 지식
과 활용 능력이 빈부 격차를 더욱더 벌려 놓을 것이다. 금융 지식은
개인 간의 경제 격차를 벌릴 수 있는 요인 중 하나다. 공부를 통해
높은 금융 지식을 갖춘 사람들은 투자와 재무 관리를 효과적으로 할
뿐만 아니라 금융 시스템의 혜택을 최대한 활용한다. 반면에 금융
지식이 부족한 사람들은 투자 기회를 놓친다. 지식이 부족하니 잘

알지도 못한 채 남의 말만 듣고 투자를 한다거나 사기에 휩쓸릴 가능성이 크다. 따라서 재테크를 하기 전 경제 신문을 통해 주요 시장 동향과 금융 뉴스를 먼저 들여다봐야 한다. 경제 도서와 신문은 어려운 경제 용어와 개념을 습득하는 데 도움을 준다.

경제 공부는 비단 우리 같은 초심자에게만 필요한 것이 아니다. 부자들도 경제 신문과 공부를 통해 매년 어디에 투자하면 좋을지 자신만의 기준을 세운다. 그들은 경기가 나빠지면 투자하고 있던 자산을 현금화한다. 그러다 위기가 오면 현금 자산으로 주식, 채권 부동산 등을 싼값에 사들인다. 경기가 회복되길 기다리며 공부에서 손을 놓지 않는다.

경제를 공부해야 하는 이유는 경기가 불황에만 머무르지 않기 때문이다. 계속 순환하기 때문에 경기 변동 사이클을 알아야 한다. 그렇기에 부자들은 더욱 공부를 게을리하지 않는다. 그렇다면 우리는 어떻게 해야 하겠는가? 여태까지 습관을 바꿔 종잣돈을 모았다면 이제부터는 경제 공부는 기본이며 필수라는 사실을 잊지 않으면서 부자가 되는 첫발을 내딛길 바란다.

투기를 하지 말고
투자를 하라

사람들은 흔히 투자와 투기를 헷갈리곤 하는데 투자와 투기는 다른 개념이다. 이익을 추구한다는 점에서는 의미가 같지만, 방법은 다르다. 투자는 생산 활동을 통한 이익을 추구하지만, 투기는 생산 활동과 관계 없는 이익을 추구한다. 투자는 장기적인 목적이라면 투기는 단기적인 수익을 추구한다. 투자는 '던질 투(投)'에 '재물 자(資)'를 쓴다. 반면, 투기의 한자를 보면 '던질 투(投)'에 '틀 기(機)'를 쓴다. 즉 기회가 왔을 때 돈을 좇아 큰 이익을 보려는 행위를 말한다. 예를 들어 카지노에서 베팅하는 것처럼 순전히 운에 기대는 것을 우리는 '투자한다'고 말할 수 없다.

워런 버핏의 스승으로도 잘 알려진 벤저민 그레이엄은 "투자 행위란 철저한 분석에 바탕을 두고 투자 원금의 안정성과 적당한 수익성이 보장되는 것을 말하며, 이 모든 조건을 충족시키지 못하는 행위는 투기적인 것이라 할 수 있다"라는 말로 투자와 투기를 구별했다. 똑같이 주식 투자를 하더라도 철저한 분석이 바탕이 되지 않는다면 그건 투기가 될 수 있다는 뜻이다. 또한 투자를 하면 잃을 것이라는 고정 관념이 있다면 애초에 철저한 분석을 할 마음을 가지지 않았다는 뜻도 되겠다.

초보자는 고수처럼 분석하기가 어렵다. 하지만 오직 오랜 공부만이 내 재산을 지킬 수 있다.

주식 종목을 사기 전에는 항상 회사의 기업 분석과 공시가 어떤지 확인해야 한다. 우선 네이버에 투자하고 싶은 기업의 이름을 검색한다. '증권 정보 더보기'를 클릭하면 해당 기업에 대한 자세한 정보가 나온다. 기업 정보 중 '종목 분석'에서 눈여겨봐야 할 것은 재무 사항을 요약해 놓은 '매출액'과 '영업 이익'이다. 매출과 영업 이익이 해마다 상승하는지 알 수 있다. 다음은 '부채 비율'과 '자본 유보율'을 확인해야 한다. 부채 비율이 낮고 자본 유보율이 높다면 안정적인 기업이다.

코인은 '쟁글'과 '코인 마켓'을 통해 공시가 자주 올라오는지 확인이 필요하다. 공시가 자주 올라온다는 것은 안전하다는 뜻이다. 주식이나 코인 종목을 분석해 주겠다는 무료, 유료 리딩 방은 절대 가입해서는 안 된다. 대부분 여러분의 돈을 호시탐탐 노리는 사기꾼들이다. 투자할 때 지켜야 할 원칙으로 마인드 컨트롤이 매우 중요하다. 욕심을 부리지 말아야 한다. 아는 만큼 보인다는 말처럼 올바른 투자 전략과 충분한 지식을 갖추고 리스크를 관리하면 긍정적인 결과를 얻을 수 있다.

작은 돈도 절대 잃지 않는
나만의 기준을 세워라

부자 되는 공식에서 '덜 쓰고' 다음은 '더 벌기'다. 내가 시작한 더 벌기 비법은 '재테크 관련 책 10권 읽기'와 '적금 통장보다 투자 통장이 먼저'였다. 지출이 수입보다 적고 꾸준히 자산을 늘려 가는 사람을 부자의 기준으로 정하고, 투자한 자산만큼 얻는 수익인 금융 소득에 먼저 집중해야 한다. 특히 첫 투자는 자본금이 적기에 금융 투자가 적당하다. 수익률을 낮추고 리스크를 없애야 한다.

나의 첫 투자는 ETF 인덱스 펀드였다. ETF 인덱스 펀드는 주식처럼 거래할 수 있는 투자 상품이다. KODEX 200은 시총이 높은 좋은 주식으로 구성돼 있다. 나는 500만 원을 모았을 때 500만 원을 통장 쪼개듯 분산해서 투자했다. 부동산에 투자하기엔 알량한 금액이라 150만 원은 주식과 ETF에 투자했고, 200만 원은 미국 배당 성장주에 투자했다. 그리고 과감히 가상 화폐 거래로도 금융 재테크를 했다. 소액을 투자하는 와중에도 적금으로 계속 종잣돈을 모았다.

나는 주식에 투자할 때 주가 상승보다 거래량을 우선시한다. 부동산과 마찬가지로 사고파는 거래가 많아야 더 올라갈 가능성이 크다고 판단하는 것이다. 주가는 상승하는데 거래량이 감소하면 향후 주가 하락 가능성이 크다고 볼 수 있다. 미국 배당 성장주는 매년 배당금이 상승하는 종목을 찾아 투자했다. 가상 화폐는 대장인 비트코인에만 투자했다.

투자하며 알게 된 것은 우리가 보험을 자산으로 보는 경우가 많다는 사실이다. 저축성 보험으로 종잣돈을 모으는 경우 무조건 손해를 본다. 기간이 길 뿐더러 적립 비율이 더 높고 보장 비율이 낮다. 보험은 자산이 아니라 비용이다. 사고가 나지 않는 게 좋지만 나지 않는다면 손해인 구조가 보험이다. 방망이를 짧게 잡고 휘둘러야 안타를 치듯이 재테크로 돈을 빠르게 불리고 싶다면 단기 적금으로 돈을 모으고 작은 돈부터 투자해야 목돈을 쥘 수 있다. 작은 돈으로 투자해 수익을 얻기 위해서는 적절한 전략을 고르는 것이 중요하다.

적금을 제외한 모든 투자는 원금 손실의 위험이 있다. 따라서 나는 어렵게 돈을 모은 만큼 투자로 잃지 않아야 한다는 생각으로 원칙을 세웠다. 투자의 귀재 워런 버핏의 투자 원칙을 나의 기준으로 세웠다.

1. 절대로 돈을 잃지 말라.
2. 1 원칙을 절대로 잊지 말라.

잃지 않는 투자에 원칙을 두니 큰돈은 벌지 못하더라도 꾸준히 수익이 나오는 구조로 바뀌었다. 과거에 투자에서 손실을 보거나 실패한 경험이 있는 사람은 투자를 부정적으로 바라보게 된다. 불안정한 시장 환경이 투자자한테는 언제든지 손실을 볼 수 있다는 불안감을 제공하기 때문이다. 하지만 이때 워런 버핏의 원칙을 되새겨 투자한다면 불안감을 해소할 수 있을 것이다.

종잣돈 500만 원으로 어떤 재테크를 할 수 있을까? 본격적으로 재테크하기에는 적은 돈이지만, 투자 기초를 다지기에는 괜찮은 금액이다. 자본주의 사회에 사는 우리에게는 투자하면 망할 거라는 선입견을 버려야 자유로운 삶이 펼쳐진다.

🔖 눈덩이 한 번 더 굴리기

개인 투자자는 투기꾼이 아닌 투자자로서 일관되게 행동해야 한다. 이는 가치 투자의 아버지로 불리는 벤저민 그레이엄의 원칙이다.

2

암호 화폐라는
거대한 물결에 올라타라

속잎이 자라나면 겉잎이 젖혀진다.

- 속담

내가 암호 화폐를 처음 접한 건 2021년 가을이었다. 모임에서 비트코인에 투자한 지인이 암호 화폐에 관한 이야기를 했다. 뉴스에 나올 때마다 좋지 않은 시각으로 바라봤던 나는 관심을 두지 않았다. 하지만 어느 젊은이가 군대 가기 전 아르바이트해서 모은 돈 200만 원으로 비트코인을 사 놓고 제대 후 찾아보니 20배가 올랐다는 이야기를 들었다.

'비트코인으로 저렇게 돈을 쉽게 벌 수 있다고?'

암호 화폐에 관해 궁금증이 생겼다. 빠르게 돌아가는 세상에서 암호 화폐는 미래를 선도할 또 다른 금융 투자라는 생각이 들었지만, 잘 알지도 못하는 위험 자산인 비트코인에 투자해도 될까? 하는 의심도 들었다. 하지만 《나는 월급날, 비트코인을 산다!》의 저자 봉현이형의 강의를 듣고 비트코인에 대한 편견이 깨졌다. 우리가 가장 많이 하는 자산 늘리기 투자 방법은 부동산이다. 그 뒤로 주식, 펀드, 달러 투자순이다. 전통적인 저장 수단인 부동산과 주식 투자의 뒤를 이어 나온 투자 방법이 전자 화폐 시스템인 암호 화폐다.

우리는 사과 한 개에 8,000원, 딸기 한 팩에 1만 5,000원 하는 시대에 살고 있다. 시간이 지날수록 치솟는 물가 상승률로 자산의 가치가 떨어지고 있다는 걸 인식해야 한다. 자산을 현금으로 놔둔다면 인플레이션의 저주로 돈의 가치가 하락할 수밖에 없다. 결국 암호 화폐도 자산 늘리기의 수단이다. 이렇게 암호 화폐에 관심을 두다 보니 주변에 비트코인으로 돈을 벌었다는 이야기가 심심찮게 들려왔다.

새로운 변화를 맞이할 비트코인에 주목하라

암호 화폐의 역사는 비트코인의 등장으로 시작된다. 이는 2009년

사토시 나카모토에 의해 소개됐다. 비트코인은 탈중앙화된 디지털 통화로서 중앙은행이나 정부와 같은 중앙 기관과는 독립적으로 운영되며 블록체인 기술을 기반으로 한다. 우리가 사용하는 화폐는 은행에서 예금자 보호법에 따라 은행이 파산해도 5,000만 원까지 보호받는다. 반면 암호 화폐는 관련 법령이 존재하지 않아 예금자나 소비자에 대한 보호가 전혀 되지 않는다. 해킹이나 범죄 등으로 도난당한 경우에도 보상이 어렵다. 고객이 스스로 자금을 보호해야 한다는 큰 단점이 있다.

논의 끝에 세법에서 정의한 가상 자산인 암호 화폐를 27호 기타소득으로 분류해 세금을 부과하기로 했다. 시행은 2025년 1월 1일부터다. 예를 들어 500만 원으로 비트코인을 매수해 1,000만 원에 매도했다면 기타 소득으로 매도가 1,000만 원이니 양도 차액은 500만 원이다. 500만 원이 소득 금액이므로 20%가 원천징수된다. 손해를 봤다면 세금은 부과되지 않는다.

나는 2년 전 업비트 앱을 다운받아 200만 원으로 대장인 비트코인을 샀다. 주말에도 사고팔 수 있고, 24시간 동안 운영하다 보니 일주일 후 30만 원의 수익이 났다. 그런데 하루 이틀 지나자 비트코인 시세가 서서히 하락했다. 그 뒤로 1년 동안 마이너스를 기록했다. 주식과 같다는 생각에 마이너스가 났을 때 5만 원, 10만 원씩 분할로 매수했다. 분할 매수하다 보니 어느덧 300만 원이 됐다. 드디어 평균 단가가 내려가서 마이너스는 플러스가 됐고, 지금은 비트코인에서 수익을 내고 있다. 이때 주식이든 펀드든 암호 화폐든 아는 종목과 우량주에만 투자하는 방법이 이기는 방법임을 알았다. 비트코인도 투자 상품으로 변동성이 크기에 손실의 위험이 있는 위험 자산이기 때문이다.

'투자'라고 하면 언제나 초보자들에게는 왠지 거창하고 다가가기 어렵게 느껴진다. 그러니 가장 접근하기 쉽고, 안전하게 투자하는 방법으로 매일 5,000원씩 암호 화폐에 투자하는 방법부터 시작해 보면 어떨까. 최소 거래가 5,000원이기에 매일 마시는 커피 대신 넣어 둔다고 생각하면 조금 가벼운 마음으로 시작할 수 있다. 매월 15만 원의 적금을 붓는다고 생각하며 오르거나 내리거나 신경 쓰지 말고 넣어 두면 목돈이 돼 돌아올 것이다. 다만 위험 자산이기에 원금 손실 위험이 항상 도사리고 있음도 명심하자.

그렇다면 어떻게 비트코인에 투자할까? 코인은 주관사가 은행이나 증권사가 아닌 코인 거래소다. 국내 자산 거래소 중 '업비트'와 '빗썸'이 인기 있는 대형 거래소이고, 이곳에서 암호 화폐를 거래할 수 있다. 빗썸보다는 업비트가 수수료가 저렴하다. 수수료가 저렴하다 보니 거래량도 업비트가 많다. 나도 업비트를 이용한다. 반면 빗썸은 가끔 수수료 0원이라는 이벤트를 진행하기도 한다. 거래하기 전에는 우선 거래소마다 연동된 해당 은행의 계좌를 보유하고 있어야 한다.

업비트를 활용한 비트코인 투자 단계는 다음과 같다.

1. 업비트 앱을 다운받는다
2. 업비트와 연결된 케이뱅크 인터넷 은행 앱을 다운받는다.
3. 케이뱅크 계좌 번호를 원화 입출금 계좌로 등록한다.
4. 케이뱅크에 원하는 액수를 입금한다.
5. 업비트 계정으로 원화(KRW)로 충전이 됐는지 확인한다.
6. 확인이 됐으면 코인을 매수한다.

나는 예전부터 케이뱅크를 사용하고 있었기에 수월하게 코인을 매수했다. 가격 움직임이 빠른 코인 시장에서 살아남는 방법은 오직 대장에 투자하는 것이다.

2024년 1월 10일에 비트코인 현물 기반 ETF가 승인됐다. 비트코인 현물 ETF는 자산 운용사가 실제 비트코인을 사들여 투자 자산으로 운용하는 ETF를 뜻한다. 그동안 암호 화폐에 투자하려면 직접 채굴해서 보유하거나 거래소에 직접 투자만 가능했다. 이제 ETF로 비트코인 간접 투자가 가능하게 된 것이다.

그렇다면 비트코인의 ETF 승인으로 미래는 어떻게 변할까? 그동안 부동산과 주식에 분산돼 있던 자산이 새로운 비즈니스 모델이 탄생함으로써 국가와 기관, 기업과 개인에까지 연결돼 현물 자산과 합법적으로 교환이 가능한 구조로 바뀐다. 이는 미국 증시에서는 가능하지만, 국내에서는 현행법상 가상 자산이 기초 자산에 포함되지 않기에 사고팔 수 없다.

비트코인을 사용하는 개인과 사업자가 증가하고 있다. 앞으로 카드나 은행 계좌 없이도 컴퓨터나 노트북에 있는 지갑 앱에서 보낼 사람의 비트코인 주소만 있으면 낮은 수수료로 10분 안에 전 세계로 송금할 수 있을 것이다. 금융 투자에서 가상 화폐 투자를 빼놓을 수 없는 시대가 왔다. 주식에 항상 투자 사기가 있듯 암호 화폐도 관심을 보이는 사람에게 좋은 투자처를 알려 주겠다며 허위 정보를 흘린 뒤 사기 행각을 벌여 피해를 보는 사람이 있으니 공부하지 않고 투자하는 건 금물이다.

비트코인은 4년에 한 번씩 오는 반감기(채굴량이 반으로 줄어드는 시기)를 기준으로 상승과 하락의 주기를 보인다. 현물 기반 ETF 승인으로 비트코인에 관심을 두는 수요는 더 많아지고 공급은 줄어들 것이다. 비트코인의 총 발행량은 2,100만 개로 한정 수량이 정해져 있기에 모두 소유했다면 더 이상 아무도 소유할 수 없다. 가치 상승으로 가격이 오를 수밖에 없다. 이제 우리도 암호 화폐를 공부할 때가 왔다.

⟨ⓦ⟩ 눈덩이 한 번 더 굴리기 _____

'코인마켓캡'은 전 세계 거래소에 상장된 암호 화폐의 시세, 거래량 정보를 볼 수 있는 웹 사이트다. 약 2,000개 이상의 암호 화폐의 정보를 제공하고 있다.

3

불황에도 웃는
미국 배당주 투자

불확실성을 받아들이는 것은 성장의 시작이다

- 토니 로빈스

인생에서 투자는 빼놓을 수 없는 존재다. 자본주의 사회에서 근로 소득으로만 산다는 것는 어림도 없는 소리다. 월급이 오르는 속도보다 물가 오르는 속도가 더 빠르다. 더구나 부동산 오름세는 따라갈 수가 없다. 가진 돈이 없는데 누구나 부동산에 투자할 수는 없지 않은가? 따라서 일찍부터 돈을 굴리는 시스템을 만드는 게임을 해야 한다. 게임처럼 절약해서 돈을 모으고 근로 소득을 투자해 자본 소득이 함께 굴러가는 포지션을 만들어야 한다.

푼돈으로 시작해 모은 500만 원으로 시작할 투자는 불황기에도 흔들리지 않는 '미국 배당주 투자'다. 나의 첫 미국 주식 투자는 스타벅스 1주였다. 식비 절약과 앱 테크로 모은 돈으로 배당 성장주를 매수했다. 그 후 종목당 1주씩 또는 5주씩 사 모으며 배당금이 복리로 들어오는 재미를 느꼈다. 투자 후 배당이 들어오면 공돈이 생긴 것처럼 짜릿하다. 기축 통화인 달러로 투자한다면 배당금 외에 환테크의 효과도 볼 수 있다. 위기일수록 달러의 힘은 크다. 주식이 내리면 달러는 상승하는 효과로 달러로 하는 투자는 손실이 줄어든다. 만약 배당주에 투자하면서 떼돈을 벌고 싶다면 이는 투기 성향이다. 주식은 투자로 접근해야 한다.

해외 주식은 모바일 거래가 가능하지만, 미국 배당주에 투자하려면 계좌를 만들어야 한다. 그리고 매수할 종목을 관심 등록 해 둔다. 거래하는 방법은 국내 주식을 사듯이 증권사 주식 매매 앱에서 거래 주문을 넣으면 된다.

미국 주식을 사는 방법에는 원화로 바로 거래하는 방법도 있지만, 보통은 원화를 달러로 환전해 거래한다. 개설한 계좌에 원화를 입금해서 환전할 수 있다. 환율은 환전 시점에 따라 다르게 반영된다. 증권사마다 시간은 다른데, 보통 오전 9시부터 오후 4시까지 환전해 주는 증권사가 많다. 환전을 못 했는데 매수하고 싶을 때는 통합증거금 서비스를 활용하면 된다.

배당주에 투자하기 전
알아 둬야 할 상식

사실 방법이야 점점 익숙해지기 마련이고, 인터넷만 조금 찾아봐도 익히기 쉽다. 문제는 '어떤 주식을 사느냐'인데, 재테크 초보자라면 주식 창을 보면서 어떤 주식을 사야 할지 망설이는 것이 당연하다. 배당 투자는 한 종목에 투자할 게 아니라 분산 투자로 안정성을 높여야 한다. 안정적이고 수익성이 높은 배당주를 찾기 위해 기업의 재무 상태, 배당, 이력, 성장 전망을 알아야만 한다. 배당주를 고를 때는 수익률, 투자 기간, 위험 허용을 고려해 배당주를 선택할 필요가 있다.

배당주에 투자하기 전에 투자하려는 기업의 배당 이력을 확인해 보자. 오랜 기간 안정적으로 배당금을 지급한 기업을 선택하는 것이 중요하다. 나는 미국 배당주에 투자하면서 배당 성장주에 투자했다. 배당 성장주는 기업 실적이 빠르게 증가해서 배당금 지급을 늘리는 종목을 말한다. 전통적으로 배당을 안정적으로 지급하는 회사들이 많다. 워런 버핏이 매도를 자주 하지 않는 종목들도 대부분 성장주나 가치주가 아닌 바로 배당 성장주다. 배당 성장주에는 다음과 같은 회사들이 있다.

- 존슨앤드존슨: 제약 및 의료 기술 기업으로, 안정적인 성장과 높은 배당으로 유명하다.

- 코카콜라: 전 세계적으로 인기 있는 음료 기업으로, 안정적인 배당을 제공하는 기업이다.
- 마이크로소프트: 클라우드, 인공 지능, 게임 등 다양한 분야에서 성장하고 있는 기업이다.
- 애플: 스마트폰 및 다양한 기술 제품을 제공하며 성장하고 있는 기업이다.
- 마스터카드: 금융 기업으로, 전자 결제 시장에서 안정적인 성과와 배당을 제공하는 기업이다.

최근까지 미국 배당주는 주식 1주당 가격이 비싸 여유가 없는 사람에겐 먼 이야기였다. 하지만 2020년 소수점 투자가 생기면서 1,000원만 있어도 해외 주식에 투자할 기회가 열렸다. 소수점 투자란 1주로 거래되던 주식을 0.1주 단위 소수점으로 나눠서 투자할 수 있게 만든 제도다.

예를 들어 아홉 명이 0.1주씩 매수 신청을 해서 0.1주가 모자라다면 증권사에서 이를 채워서 1주를 만들어 거래를 성사시키는 방식이다. 단, 실시간 거래가 불가능하고, 나눠서 투자했기에 내가 매도하고 싶어도 빠르게 매도되지 않는다는 것이 단점이다. 한국투자증권과 신한투자증권에서 시작됐고, 지금은 많은 증권사에서 이 제도로 거래할 수 있다. 나는 카카오뱅크에서 사용 가능한 한국투자증권의 '미니스탁'을 추천한다. 미니스탁은 미국 주식을 경험해 보고 싶거나 투자금이 작은 사람들이 이용하기 좋다. 단, 미니스탁은 만 19세 대한민국 국적의 성인만 이용할 수 있다.

투자한 후에는 지속적인 모니터링도 필요하다. 투자의 대가 워런 버핏의 투자 전략은 "자신의 역량 범위 내에 머무르는 것"이라고 한다. 그는 보유 기간을 두고 "영원히"라고 말했다. 나 역시 미국 배당주 투자를 노후 자금으로 쓰려고 투자하는 중이다. 미국 주식이 오르든 내리든 배당금은 나오니 크게 걱정하지 않는다. 국내 주식은 대부분이 12월까지 보유한 주식만 1년에 한 번 배당금이 나오는데 미국 배당주의 매력은 매월이나 분기마다 배당금이 나오는 것에 있어 매달 작은 월세를 받는 기분이다. 배당금은 은행에서 받는 이자보다 나으니 현대인에게 필수 투자라고 말할 수 있다. 자본 소득인 배당주를 눈여겨볼 필요가 있다.

ⓦ 눈덩이 한 번 더 굴리기 _____

배당 소득에 대한 세금이 '배당 소득세'이며 배당금을 보유하고 있는 동안의 세금이다. 미국의 배당 소득세율은 15%를 부과한다. 현지 외화로 징수된다.

4

초보자라면 안전한
펀드 투자가 답이다

계란을 한 바구니에 담지 마라.

- 속담

    우리는 금융 자산을 나 몰라라 하고 살면 안 되는 시대에 살고 있다. 근로 소득이 전부인 월급쟁이가 접근하기 쉬운 금융 투자가 주식 투자와 펀드 투자다. 월급이 많지 않은 20~30대도 과감히 투자해 볼 수 있는 재테크의 일종이다. 미혼 시절 빨리 재테크에 눈을 떠야만 많은 경험과 실력을 쌓을 수 있다. 하루라도 빨리 시작하는 사람이 이기는 재테크도 일종의 학습이다. 특히 주요 수입원이 근로 소득이나 사업 소득인 사람은 어떻게든 금융 소득을 만들어야 한다.

치솟는 집값과 물가 그리고 늘어난 평균 수명으로 인해 우리의 노후가 재앙이 될 수 있다. 아끼는 것만으로 부자를 꿈꾸는 세상은 더 이상 쉽지 않게 됐다.

사람들은 왜
펀드에 투자하는가

글로벌 금융 위기가 오기 전까지 적금처럼 매월 적립하는 적립식 펀드가 큰 인기를 끌었다. 이후 내림세였다가 중앙은행의 통화 완화 정책으로 주식 시장이 다시 관심을 받기 시작했다. 그러다 코로나19 팬데믹을 겪으며 금융 시장에 큰 변동이 일어났다. 헬스케어 기업에 관한 관심이 늘어나고 해당 업종 펀드 투자도 늘어난 것으로 보인다. 이때 펀드가 무엇인지 알고 시작해야 금융 투자가 쉬워진다.

펀드는 엄밀히 따지자면 저축이 아니라 투자에 속한다. 펀드 회사에서 여러 사람의 돈을 모아 주식, 채권, 부동산에 투자하고 이를 통해 이익을 얻을 수 있는 것이 펀드의 의미다. 은행이나 증권 회사 전문가에게 맡기기 때문에 직접 운영하지 않고 본업을 충실히 하며 투자에 들어가는 시간과 노력을 아낄 수 있다는 장점이 있다. 다만, 펀드는 투자이기에 원금 손실 가능성이 있고, 손실이 나도 수수료를 떼 간다는 단점도 있다.

주가 지수형 펀드에 분할로 하는 인덱스 펀드 투자는 내가 가장 좋아하는 투자 방법이다. KOSPI 200은 시가 총액이 높은 좋은 주식들로 유가 증권 시장에 상장된 보통주 중 시장 대표성, 산업 대표성, 유동성 등을 고려해 선정된 200종목으로 구성돼 있다. 소액으로 우량주 투자가 가능하고 분산 투자를 할 수 있는 장점이 있다.

펀드의 시작은 은행에서 적립식 펀드 계좌를 만들고 코스피 주가가 하락할 때마다 넣은 수 있는 금액을 추가로 납입하는 것부터다. 나는 크게 하락할 때 더 넣는 방법을 택했다. 투자하고 바로 코스피 주가가 오름세면 좋겠지만 수익이 날 때까지 기다려야 한다. 나의 원칙 중 하나는 자동 이체를 걸어 두지 않는 것이다. 또한 수익이 올라가 있을 때는 절대 매수하지 않는다. 수익률 10%가 나의 매도 데드라인이다. 매도 시점이 오면 망설이지 않고 매도한다. 매도 후 상승할 때도 있지만 미련 두지 않고 다음 하락장을 기다린다. 그리고 수익금만 찾아서 또 다른 인덱스 펀드에 가입해 수익금으로만 펀드를 운용한다.

이 방법으로 투자한 1,000만 원은 1년 후 1,600만 원이 됐다. 두 개의 펀드 통장 중 하나는 원금이 아니기에 마음 편히 고위험 펀드로 과감하게 운용했다. 고위험 펀드는 수익률이 높아 그만큼 위험하다. 시장의 변동성에 민감하게 반응하기 때문이다. 급격한 시장 움직임은 투자 결과에 큰 영향을 미칠 수 있으니 조심해야 한다.

그렇다면 좋은 펀드를 고르는 법이 있을까? 가입할 때 펀드의 수익률이 높다는 건 이미 꼭지에 달해 하락할 수 있다는 뜻이다. 따라서 초보자라면 수익률이 낮아도 우선 안전한 펀드에 가입하는 것이 좋다.

주식이 어렵다면 ETF에 투자하라

펀드와 ETF는 거래 방식은 물론 운용 방식이 다른 상품이다.

- 펀드: 거래소가 아닌 은행이나 증권 회사에서 거래된다. 펀드는 실시간으로 거래할 수 없다. 기준 날짜가 오후 2시 이전 거래하면 당일 주가 지수로 수익률이 반영되지만 오후 2시 이후는 다음 날 종가에 반영된다.
- ETF: 개별 종목이 아니지만, 주식처럼 실시간으로 거래하는 상품이다. 바로 주문해서 사고팔 수 있다.

ETF는 주식보다 초보자가 쉽게 접근할 수 있다. 실시간 거래가 불가능한 펀드의 단점을 보완해 나온 상품이 ETF다. 주식 투자가 어렵다면 실시간으로 사고팔 수 있는 ETF에 먼저 투자해 보기를 권한다. 1주부터 투자할 수 있으므로 소액 투자를 할 수 있다. 펀드나 ETF는 저축이 아니기에 연습 삼아 먼저 소액으로 접근해야 한다.

ETF 중 시장에 널리 알려진 'QQQ'는 국내가 아닌 미국 ETF다.

QQQ는 배당주같이 달러로 거래하며 이는 나스닥 시장에서 100개의 항목 기준으로 뽑아 만들어진 상장 지수 펀드다. 미국 나스닥 지수를 1:1로 추종하기 때문에 나스닥 지수가 1% 상승하면 QQQ도 1% 오른다. 나스닥의 대표적인 종목으로는 구글, 애플, 테슬라, 마이크로소프트, 아마존 등이 있다.

보통은 개별 종목을 따로 매수해야 하지만, QQQ는 대표적인 주식을 묶어 투자하는 방식이다. QQQ에는 나스닥 시장에서 거래되는 대표적인 기술 기업들을 포함하고 있고, 다양한 섹터의 기업들이 포함돼 있어 유동성이 높아 투자자들이 선호한다. 애플이나 아마존 등의 기업도 QQQ에 투자했다. QQQ를 매수하는 방법은 갖고 있는 증권 계좌에서 해외 주식 주문 창에 QQQ를 검색하고, 호가 창에 원하는 가격을 입력한 후 매수를 진행하면 된다.

최근 미국 배당주 투자나 ETF에 관심을 갖고 투자하는 사람들이 늘어났다. 국내 ETF를 통해 미국 주식 투자를 할 수 있다. 해외에 투자하는 국내 ETF는 네이버에서 확인 가능하다. ETF 거래 방법은 미국 주식 거래와 같다. 먼저 거래할 증권 계좌를 개설해 달러 환전 후 증권사 앱 거래 화면에서 미국 주식을 선택하고, ETF 항목을 찾아 QQQ를 선택해 진행하면 된다.

하루라도 빨리 소액으로 경험을 쌓고 꾸준히 금융을 공부해야만 미래에 대한 불안함을 줄일 수 있다. 예적금이 아닌 금융 투자는 당

연히 리스크가 존재한다. 하지만 리스크가 있다는 건 싸게 매수할
수 있는 기회기도 하니 투자의 두려움 때문에 기회를 버리지 않기를
바란다.

눈덩이 한 번 더 굴리기

투자는 쌀 때 많이 사 두는 것이다. 개별 투자가 아니기에 투자 후 묵혀 두면 큰돈이 돼 돌아온
다. 단, 자동 이체는 걸지 않는다.

5

주식의 가장 큰 변수는
운이 아니라 지식이다

주식을 공부하지 않고 투자를 하는 것은
카드를 보지 않고 포커를 치는 것과 같다.

- 피터 린치

워런 버핏은 주식으로 세계적인 부자가 된 인물이다. 자녀에게 물려줄 주식이 아니라면 사지 말고, 장기 투자를 해야 한다고 말한다. 주변을 봐도 주식으로 돈 벌었다는 사람보다 망했다는 사람이 더 많다. 주식은 확률 게임이기에 버는 사람이 있으면 잃는 사람도 있다. 전문가가 아니라면 주식으로 손해를 볼 확률이 90%라고 한다.

'공포에 사라'는 말을 많이 들어 봤을 것이다. 주식이 내림세일 때가 매수 적기라는데 공포에 질려 내다 파는 사람이 많을 때 매수하기란 쉽지 않다. 공부가 돼 있어도 군중 심리가 작용하기에 그렇다. 따라서 기본적인 경제 개념과 금융 용어를 이해하는 것이 주식 투자의 출발점이다. 주식 공부의 시작은 경제에 관한 관심이다. 매일 경제 신문을 읽고 경제 뉴스를 자주 본다면 글로벌 경제 상황과 경기 흐름을 자연스럽게 습득할 수 있다.

우리 부부는 투자 실력을 꾸준히 키우기 위해서 경제 신문과 포털 사이트를 잘 활용했다. 네이버 메인 화면의 증권란은 정보의 보물 창고라고 할 수 있다. 시장 지표부터 글로벌 환율, 유가, 금리를 확인할 수 있다. 이때 해외 증시란도 살펴봐야 한다. 해외 증시 상황은 우리나라 증시에도 확실한 영향을 미치기 때문이다. '리서치'에서 각 증권사의 애널리스트들이 업로드해 주는 주요 보고서를 확인하고 유망 종목도 확인한다. 단 100% 신뢰하면 안 되며 참고용으로만 공부해야 한다. 그다음 관심 기업의 '종목 분석'으로 들어가 주요 생산품은 무엇이며 평가 지표(차트, PER, PBR, 영업 이익 등) 및 뉴스를 확인한다.

네이버 외에도 '인베스팅닷컴' 사이트가 있다. 각 나라의 주가 지수와 금, 환율 등의 변동률을 실시간으로 조회하는 사이트다. 이곳에서 뉴스만 틈틈이 봐도 주식 초보자는 도움을 받을 수 있다.

나는 국내에서 유명하다는 주식 카페에 가입했다. 그들이 투자하는 종목을 따라 하기보다 칼럼에 나와 있는 종목 분석을 꼼꼼히 읽고 검색으로 찾아본다. 그리고 매일 시황을 정리해 주는 유튜브를 시청하며, 아침 뉴스를 통해 미국 증시 및 세계 증시의 마감 현황을 파악한다.

주식에 다치지 않으려면 기본에 충실하라

경제 공부에 있어 독서는 기본 중에 기본이다. 벤저민 그레이엄, 워런 버핏, 찰리 멍거 등 세계적인 투자자의 책을 보며 그들의 생각과 방법을 복기하는 것이다. 또한 우석, 염승환 등 국내 저자의 기본서들을 읽으며 투자자의 기본을 익혔다. 전문가들도 어려워하는 주식이지만, 공부하다 보면 매수 타이밍이 보인다.

뭐든 싸게 사야 돈을 번다. 금리가 하락해 정부가 돈을 풀 때라든가 유망 회사가 대규모 투자를 단행할 때가 매수 적기 신호다. 그렇다면 매도 타이밍은 언제일까? 내가 목표했던 수익이 나왔을 때가 매도 적기다. 주가 흐름이 좋아 고점에서 세 번 이상 돌파하지 못 할 때도 매도하는 것이 좋다.

주식을 해 본 적 없는 초보자라면 시작 전에 주식 관련 서적을 일주일에 한 권 이상 읽기를 추천한다. 기업마다 특성이 다르고 금리, 원자재, 세계 경제 상황, 수급, 환율, 물가 등 각종 지표가 많은 변동성을 품고 있어서 적게는 1년, 많게는 10년 이상 공부해야 지표도 보이고 차트가 보인다. 따라서 회사 재무제표 보는 법과 도표 보는 법까지는 어려워도 기초 주식 용어만큼은 알고 시작해야 한다.

- 주식: 기업(주식회사)이 출자한 일정한 지분 또는 이를 나타내는 증권이다.
- 코스피(KOSPI): 한국거래소에서 상장된 기업 중 시가 총액이 높은 200개 기업의 주가를 종합해 나타낸 지수다.
- 코스닥(KOSDAQ): 한국거래소에서 운영하는 대표적인 주식 시장 중 하나로, 기술 중심 및 신생 기업들이 주로 상장한다.
- 시가: 시장에서 형성돼 있는 매매 가격이다.
- 종가: 시장 마지막에 결정된 가격이며, 보통 장이 끝나고 확인할 수 있다.
- 상한가: 개별 종목 주가가 하루에 상승할 수 있는 최고치를 말하며, 29.99%다.
- 하한가: 개별 종목 주가가 하루에 하락할 수 있는 최저치를 말하며, 29.99%다.
- 시가 총액: 상장 회사의 발행 주식의 총가치이며, 회사 전체의 시장 가치다.

나는 주식 투자로 돈을 벌 생각은 일찌감치 버렸다. 투자한 회사와 동업한다는 마음으로 기업의 주주가 되는 것이라고 투자 마인드를 바꿨다. '100% 수익을 내야지' 하는 마음을 버리고 수익 마지노선을 10%로 정해 단기 투자보다는 중장기 수익을 내는 투자로 위험을 줄였다. 남편은 스터디를 통해 매주 주식 책을 읽고 책 내용을 토론하며, 주식에 관한 기사를 읽고 나에게 공유하기도 한다.

나는 흐름을 알게 되면서 주식 투자의 재미를 알게 됐다. 전국의 부동산 가격이 한꺼번에 오르지 않듯이 주식도 모든 종목이 다 오르지 않는다. 반도체주가 오르면 바이오주가 내리는 형국이다.

나는 여전히 주식 책을 읽으며 기본기를 다지고, 실시간으로 업데이트되는 상황과 경제 흐름을 유튜브 채널로 확인한다. 매일 시장의 흐름과 수급 상황을 알려 주는 '염블리와 함께'라는 채널은 초보자도 쉽게 이해할 수 있게 설명해 준다. 현재의 주도주와 성장주는 매번 다르기에 공부가 꼭 필요하다.

물가 상승과 기회비용을 생각한다면 금융 투자는 이제 우리에게 필수인 시대다. 아무리 공부해도 주식 투자는 신의 영역이라 할 만큼 쉽지 않다. 투기의 관점이 아니라 투자의 관점에서 바라보면서 공부하고, 버는 것보다 절대 잃지 않아야 한다는 마음으로 비중을 조금씩 늘려 가길 바란다.

Ⓦ 눈덩이 한 번 더 굴리기 _____

부자가 되는 공식의 기본은 금융에 관한 책 읽기다. 금융 지식을 쌓기 위해 경제 유튜브를 시청하거나 재미있는 기초 강의를 들어도 좋다.

6

푼돈을 목돈으로
만드는 공모주 투자

돈이 당신을 위해 일하게 하라.

- 롭 무어

'공모주'는 공개 모집 주식의 약자다. 아파트 청약과 비슷하다고
보면 된다. 분양권으로 가장 저렴하게 새 아파트를 살 수 있는 것처
럼 공모주는 상장되기 전 가장 저렴하게 받을 수 있는 주식이다. 기
업은 자금 조달이라는 목적을 달성할 수 있고, 투자자는 신규 상장
에 투자할 수 있는 기회를 얻을 수 있다. 주식 투자보다 위험성이 덜
하기에 신규 상장 공모주 청약은 안전한 투자다. 하지만 용어를 이
해해야 수월하게 공모주 청약을 할 수 있다.

- 수요 예측일: 각종 기관에게 좋은 기업인지 아닌지 의견을 물어 본다.
- 공모 청약일: 수요 예측일이 끝나고 공모가가 확정되면 청약일에 청약할 수 있다.
- 상장일: 공모주 청약으로 받은 주식이 증권 시장에 상장하는 날이다.
- 의무 보유 확약: 상장하는 기업의 공모주를 받는 기관들이 일정 기간 주식을 팔지 않겠다고 약속하는 것을 의미한다.
- 따블: 시초가가 공모가의 두 배가 되는 것을 의미한다.
- 따상: 시초가가 공모가의 두 배가 된 후 상한가(최대 30%)를 의미한다.
- IPO: 기업 공개라는 뜻이다. 기업이 공개적인 시장에 상장을 신청하고 주식을 일반 대중에게 제공하고 자금 조달을 위해 기업을 공개한다. 재무 상태, 경영 전략, 실적 등이 공개돼 투자자에게 투자할 수 있는 기회를 제공한다.

초보자를 위한 공모주 투자법

공모주에 청약하려면 증권사 개설부터가 시작이다. 청약이 많은 증권사는 한국투자증권, 미래에셋증권, 삼성증권, KB증권, NH투자증권이다. 비대면으로 증권 계좌를 만들고 나면 20일 제한에 걸린다. 증권사에 따라 제한에 걸려도 영업점 방문 시 계좌 개설이 가능하기도 하다. 카카오뱅크 앱에서는 여덟 개의 증권사 개설이 가능하고 토스뱅크에서는 다섯 개까지 개설할 수 있다. 신한은행의 쏠 앱에서도 비대면 증권 계좌 일괄 신규 서비스를 출시해 13개 증권사 계좌를 한 번에 만들 수 있다.

자녀 계좌를 만들 때는 주거래 은행의 지점에 직접 방문해야 한다. 가족 관계 증명서(상세), 기본 증명서(자녀 기준 상세), 부모 신분증이 필요하다. 은행별로 요구하는 증빙 서류가 다르기에 미리 전화해 필요한 서류를 확인해야 한다.

공모주 일정을 확인하고 증권사 계좌를 개설했다면 증권 신고서, 투자 설명서를 보고 청약할지 말지 결정한다. 청약 증거금을 입금하고, 공모주 청약일에 청약하면 된다. 청약 증거금률은 50%다. 예를 들어 공모가 1만 원에 10주를 청약하고 싶으면 최소 청약 증거금으로 10주에 해당하는 10만 원의 50%인 5만 원이 필요하다. 배정돼 만약 1주만 받았다면 나머지 금액은 계좌로 환불금이 정산된다. 상장 후 보유하거나 매도하면 된다.

공모주를 배정하는 방법은 다음과 같다.

- 균등 배정: 주식 청약에 참여한 수에 따라서 1/N로 배정되는 방식이다.

• 비례 배정: 청약 신청자가 참여하는 금액에 따라 주식 수를 나눠 배분하는 방식이다.

　인기 있는 공모주는 경쟁률이 높아 배정받지 못하는 때도 있다. 공모주를 청약했다고 해서 모든 기업이 수익으로 이어지진 않는다. 단기 상승의 가능성도 있지만 공모주도 주식이기에 하락 가능성도 있다.

　내가 처음 공모주에 투자한 날이 2022년 1월이다. 2차 전지인 LG에너지솔루션의 공모를 30만 원에 1주를 받았다. 상장 당일에 매도하라는 지인의 조언에 따라 매도했을 때 가격이 54만 원이었다. 무려 24만 원이란 수익을 보고 나니 공모주와 사랑에 빠졌다. 공모주는 상장일에 대부분 매도를 했다. 큰 수익이 아닐 때도 있지만 큰돈이 들어가지 않고, 확실한 수익을 보장한다는 점에서 자투리 재산을 불리기엔 꽤 좋다. 균등 배정으로 주로 1주를 받지만 운이 좋을 때는 인기 있는 공모주를 2~4주를 받기도 한다. '퓨릿' 공모주는 1415:1의 경쟁률을 기록하기도 했다.

　1주 받았던 공모주 중에 '에이에스틱'은 공모가가 2만 8,000원이다. 자외선 차단제 원료를 제조하는 한국 기업으로 국내에 많지 않아 독점 기업이다. 이 회사는 글로벌 기업에 UV 필터를 공급한다. 상장되는 날 8만 8,900원에 매도했다. 수익률은 215.51%(6만 723원)

다. 가족 4명이 모두 공모주에 투자했다면 수익률이 네 배가 된다.

　실적이 좋은 공모주는 매도하지 않기도 한다. 공모가 2만 6,000원이었던 두산 로보틱스는 4개월 후 무려 네 배가 올라 10만 원이 훌쩍 넘기도 했다. 이처럼 바로 매도하지 않은 공모주가 대박이 나는 경우도 있기에 공모주 투자에서 '매수는 기술, 매도는 예술'이라는 말이 있다.

　2023년 11월에만 18개의 기업이 공개 모집으로 주식 시장에 상장됐다. 따라서 공모주도 공부가 필요하다. 나는 공모주 관련 정보를 유튜브에서 많이 얻는 편이다. 또한 전자 공시 시스템에 올라오는 투자 설명서를 꼼꼼히 읽고 신문 기사를 참조하며 기업 실적이나 기관이 기업을 평가하는 수치인 수요 예측 결과를 확인하고 참여해야 내 돈을 잃지 않는다. 잃지 않는 투자 마인드를 기본으로 갖고 한다면 공모주는 큰돈이 아닌 작은 종잣돈을 그냥 묵히지 않고 투자한다는 점에서 괜찮은 투자 방법이라고 본다.

ⓦ 눈덩이 한 번 더 굴리기

공모주는 증권 계좌 개설부터가 시작이다. 청약 당일에 계좌를 개설하면 청약이 어려운 증권사도 있으니 확인 후 진행해야 한다.

7

불확실성을 이길
나만의 원칙을 세워라

투자는 IQ와 통찰력 혹은 기법의 문제가 아니라
원칙과 태도의 문제다.

- 벤저민 그레이엄

그동안 나는 '묻지 마 투자'를 하던 가장 대표적인 사람이었다. 젊은 시절부터 주식에 투자했지만, 번번이 실패했다. 급하게 써야 할 돈으로 조급하게 테마주, 급등주를 매수하고 돈을 벌 생각에만 앞섰다. 주식에만 몰두하며 단타로 하루에 5만 원만 벌자는 마음이 실패의 원인이었다. 매일 주식 장의 개장부터 폐장까지 꼬박 주식 창을 들여다보느라 다른 일에 집중하지 못했고, 돈을 벌기는커녕 매번 돈이 줄어들었다. 하지만 원칙을 세우고 실천하니 조금씩 관련 지식과 경험이 쌓이고 있다.

주식 책을 보면 저자들은 하나같이 주식만 한 투자처가 없다고 침을 튀겨 가며 말한다. 월급의 몇 %는 매달 투자해야 한다고 말이다. 매일 경제 신문을 읽고, 시장의 흐름을 익혀 조금씩 산 주식으로 수익을 본 후 자신감이 생겼다. 10년 동안 예적금 이율은 지금이 가장 높다. '적금 이자보다 높은 수익이면 성공'이라는 마음으로 주식 투자에 본격적인 발을 들여놓았다.

주식 투자는
기준이 곧 전략이다

경제 신문과 네이버 활용으로 어느 정도 지식을 습득했다면 주식 계좌를 개설한 후 누구나 다 아는 주식인 우량주 1주라도 매수해 보자. 우량주는 검색만 해도 나와 있는 정보가 많기에 초보자가 접근하기가 좋다.

- 초보자의 투자 전략
  '종목을 선택할 때 성장주 및 우량주 위주로 투자한다.'
  '1,000원 미만의 동전주는 지양하고 모르는 종목은 쳐다도 보지 않는다.'

'매출, 영업 이익, PER, ROE, 성장성 등 기업의 기본을 파악한
후 투자한다. 네이버 증권, DART, 블로그, 유튜브를 참고한다.'
'증권사 HTS, MTS를 참조하고 매일 기업 보고서를 참조한다.'

• 초보자의 매수하기
'우량주를 매수한다. 우량주는 관련 정보 찾기가 쉽다.'
'장단기 투자 품목을 정해 포트폴리오를 짠다.'
'이미 많이 오른 품목의 추격 매수는 하지 않는다.'
'절대 가격 하락 품목의 물타기는 하지 않는다.'

• 초보자의 매도하기
'자기만의 매도 원칙을 세운다. 5%, 10%, 손절매 원칙을 지키고
일반 품목은 30%, 유망 품목은 50% 등 분할 매도 방식을 선택
한다.'
'3일 이상 계속 하락하는 품목은 매도를 원칙으로 한다.'
'거래량이 늘면서 가격이 하락하는 품목은 매도하는 것을 원칙으
로 한다.'

주식 투자를 하는 남편은 주식 매수, 매도 원칙을 잘 지킨다. 주식
을 매수하고 -5%가 되면 손해를 보더라도 손절매한다. 나는 오를 때
까지 놔두기도 하는데 남편은 손절매한 주식이 완전히 내리면 다시

매수한다. 이런 남편에게 손절매를 배워 잘못된 판단으로 매수한 주식이 떨어지면 나 역시 빠르게 손절매한다. 2년째 주식 스터디에서 공부하며 터득한 원칙이다.

주식 투자에 실패한 사람은 주식을 투기로 접근하기에 잃을 수밖에 없다. 여윳돈이 아닌 몇 달 후 써야 하는 아파트 중도금이나 퇴직금으로 집중 투자한다. 상승장이면 문제가 없지만, 하락장이면 반토막이 돼 마음속에 '주식은 하는 게 아니야'라는 생각이 자리 잡는다. 주식은 여윳돈이 아니면 절대 쳐다보지 말아야 할 투자다. 우리 부부는 금융 투자도 분산해서 하고 있기에 주식 비중이 높지 않다. 각각 1,000만 원으로 공부한 내용을 토대로 투자하고 공유한다.

반도체가 좋은 흐름을 보이면 대장주가 먼저 상승하며 곧바로 다른 반도체 업종도 따라 올라간다. 올라가는 추세를 보며 나는 반도체 주식을 매수한다. 이미 올라갔다면 패스한다. 기술주가 흐름이 좋으면 상승한 반도체를 반만 매도하고 기술주를 분할로 매수한다. 주식 매수 시 분산 투자를 하지 않으면 손해를 볼 수도 있다.

나는 일상 생활에서 사용하는 것을 보며 주식을 매수하기도 한다. 예를 들면 5월 5일은 어린이날이다. 장난감 매출 수요가 많으니 관련된 회사를 보면 그달에 주가가 상승한다. 초복이나 중복엔 닭고기 회사의 매출이 상승한다. 엔터주도 신곡이 히트했다든지 아이돌 그룹의 음원 판매가 대박을 터트렸다든지 하면 어김없이 회사 엔터주가 올라간다.

　공부하지 않고 해 온 주식 투자는 실패의 연속이었다. 투자하며 나만의 원칙이 세워졌다. 나의 원칙에 따라 주식 계좌를 두 개 운영한다. 하나는 원금 계좌고, 하나는 수익금 계좌다. 원금 계좌에서 수익이 나면 무조건 수익금 계좌로 옮긴다. 수익금 계좌에서 운영하는 주식은 훨씬 마음이 편하다. 작은 금액이지만 수익률이 높다. 재무제표를 몰라도 공부하니 주식으로도 조금씩 자산이 늘어 간다. 투기가 아닌 투자로 접근한다면 500만 원으로 1,000만 원 만들기는 주식투자로도 충분히 가능하다.

眼w 눈덩이 한 번 더 굴리기 _____

주식 투자는 미래의 인재를 가려내는 일과 같다. 매수, 매도 원칙을 세워 나만의 기준으로 공부하며 투자하자.

금융 투자가 쉬워지는 앱 한눈에 보기

앱을 사용하기 전에 '네이버페이 증권' 사이트를 확인하는 습관을 기르면 좋다. 네이버페이 증권은 정보의 보물 창고라고 할 수 있다. 시장 지표부터 글로벌 환율, 유가, 금리를 확인할 수 있다. 주식에 투자하기 전 활용하면 좋다.

국내 주식: 키움증권

19년 연속 국내 주식 시장 점유율 1위인 키움증권은 종종 미국 주식 거래를 하지 않은 고객에게 투자 지원금 40달러를 증정하는 이벤트를 하며, 수수료가 가장 저렴하다.

미국 주식: 미니스탁

미니스탁은 주식 1주를 소수점 단위로 쪼개 1,000원 단위로 미국 주식을 구매할 수 있는 앱이다. 미국 배당주 투자가 부담된다면 연습 삼아 투자해 볼 만하다.

공모주: 피너츠공모주

피너츠공모주는 공모주 청약 및 상장 일정, 청약증거금과 주관사, 수요 예측 결과, 그리고 공모주 분석과 기업 정보까지 확인할 수 있는 공모주 필수 앱이다.

암호 화폐 거래소: 업비트

암호 화폐를 거래할 수 있는 코인 거래소다. 국내 자산 거래소 중 업비트와 빗썸이 많은 사람이 이용하는 인기 있는 대형 거래소다.

암호 화폐 거래 은행: 케이뱅크

국내 최초의 인터넷 은행이며, 업비트에서는 케이뱅크를 통해서만 암호 화폐 거래를 할 수 있다.

4 단계

창업은 돈의 규모를 키울 기회다

소자본 창업으로 1억 원 만들기

1

부를 늘리는
시스템을 마련하라

오늘 걷지 않으면 내일은 뛰어야 한다.

- 도스토옙스키

금융 투자로 재테크를 시작했다면 이젠 무자본 창업이나 소자본 사업으로 돈을 불릴 단계다. 잘나가는 운동선수를 보면 기본기가 뛰어나고 본인만의 필살기도 있다. 축구 선수 손흥민 선수가 프리미어 리그 득점왕이 될 수밖에 없는 비결은 아버지의 열린 교육 덕분이다. 공을 자유자재로 다룰 수 있을 때까지 패스나 다른 기술을 가르치지 않고 오로지 기본기만 가르쳤다. 지겨울 법도 했지만 손흥민 선수 역시 이를 충실하게 지켰기에 세계적인 선수가 된 것이다.

재테크도 마찬가지다. 투자하기 전까지는 꾸준한 공부만이 살길이라고 귀에 딱지가 앉을 정도로 말해 줘도 누군가는 실행하고 누군가는 흘려듣는다. 재테크도 소득 늘리기와 절약에 집중하는 훈련을 키우지 않으면 투자를 시작조차 할 수 없다. 물론 나에게 부자 아빠가 있거나 부동산 임대로 많은 월세 수익이 나온다면 노력하지 않아도 큰 자산가가 될 것이다. 하지만 우리에게는 부자 아빠도, 월세가 나오는 부동산도 없다. 그렇다고 가진 돈이 많아야만 성공할 수 있다며 지레 포기하지 않았으면 좋겠다. 최고의 투자는 자기 자신에게 하는 것이니 배움에 먼저 투자하길 바란다. 내 경험과 시간을 팔아서 배움에 투자하고 투자한 경험으로 이익을 낸다면 부를 끌어당길 수 있다.

1단계에서 종잣돈 모으는 방법을 습득했고, 2단계를 통해 금융 투자의 세계로 들어왔다. 배움에 투자하고, 금융에 투자했다면 이제는 불리는 단계인 사업을 해 볼 차례다.

하지만 그 전에 우리는 현재 나의 위치를 정확히 알아야 한다. 《부의 추월차선》에서는 '인도는 가난한 삶, 서행 차선은 평범한 삶, 추월차선은 부자의 삶'이라고 표현했다.

인도를 걷는 사람들은 소득도 있고 빚도 있다. 이들은 가난한 삶을 살고 있으며 이들은 '나에게 신용 카드가 있어 다행이야'라는 사고방식을 가진 사람들이다. 자연스럽게 가난을 끌어들이며 자신이

인도 위에 서 있는지조차 모른다.

　서행 차선에 있는 사람들은 고정 소득과 함께 부동산이나 금융 투자를 하는 평범한 사람들이다. 현재 삶에 만족하지 않고 내일의 희망으로 오늘을 희생하며 살아간다. 돈에 대한 긍정적인 인식과 부채에 대한 부정적인 인식이 함께한다.

　반면 추월 차선에 있는 사람들은 돈 버는 시스템을 만들어 자본 소득이 근로 소득을 넘은 사람들이다. 이들은 작은 사업가가 아니다. 돈이 돈을 버는 구조를 잘 이용하는 사람들이다. 결국 추월 차선은 빠르게 부자 되는 사람들이 속해 있는 곳이다.

자산에 속도가 붙을 시간이 필요하다

　나는 무인 카페 점주다. 무인 카페 한 곳에서 수익이 창출되며 사업 소득으로 벌어들인다. 내가 차린 무인 카페 프랜차이즈 대표는 전국에 여러 점포에서 소득이 들어오기 때문에 '자본 소득가'로 불린다. 전국에 가맹점이 늘어날 때마다 소득이 늘어나는 구조다. 소비자로 살 것인가, 생산자로 살 것인가의 운전대는 내가 잡고 있다. 추월 차선에 있는 사람들은 우연히 부자가 되지 않았다. 근로 소득으로 시작해 사업 소득을 거쳐 자본 소득으로 만드는 과정이 있어야 부의 속도를 낼 수 있다.

나는 4년 전 찜질방 매점 이모에서 지금은 회사 대표가 됐고, 여덟 개의 명함과 10개의 파이프라인을 갖고 있다. 내가 짧은 시간에 이 정도로 성장할 수 있었던 가장 큰 동력은 '배움'이었다. 코로나19로 남편의 소득이 전부였던 그 시절 가장 먼저 배움에 투자했다. 부동산 공부로 지역 분석을 배워 작은 돈으로도 가능한 곳에 투자했다. 나에게 필요한 지식은 돈을 많이 들여서라도 습득했다. 월 100만 원이 넘는 강의도 수강하며 지식을 쌓았다. 그 결과 부동산 다섯 채에 투자할 수 있었으며, 정보 활용을 알려 주는 콘텐츠 시스템을 운영하고 있다. 게다가 유명 작가들만 쓴다는 책을 세 권이나 쓴 베스트셀러 작가가 됐다.

과거엔 근로 소득이나 사업 소득만을 갖고 부를 늘릴 수 있었다면 현재는 나처럼 크게 세 가지 시스템을 활용해서 부를 늘릴 수도 있다. 부동산으로는 매달 월세 소득을 올리고, 한 달 살기 임대업으로 또 다른 수입이 들어오고, 작가가 되니 1년에 두 번 인세가 나온다. 그뿐인가? 콘텐츠 사업으로 성장하고 싶은 다른 사람을 돕는 메신저 역할을 하며 행복한 삶이 시작됐다.

가난을 선택하고 싶은 사람은 없다. 지금의 선택이 미래에 부와 가난을 결정지을지도 모른다.

부자의 길을 걷기로 선택할 때 20대와 50대 중 누가 더 유리할까? 두뇌 회전이 빠르고 도구 사용을 잘하는 젊은 사람들이 유리할 거라고 생각하지만, 그렇지 않다. 나처럼 50대에 시작해도 충분하다. 절실함이 다르고 살아온 모든 경험이 연륜이 되기 때문이다. 그러니 나이 때문에 쉽게 절망하거나 포기하지 않았으면 좋겠다.

대신 기억해야 할 것이 있다. 절실하게 매달리지 않으면 부가 나에게 오지 않는 것은 확실하지만, 그렇다고 그 절실함이 요령으로 이어져서는 안 된다. 시간은 얼마 없고, 빨리 부자 되고 싶은 사람이 많다 보니 인터넷에서 '10만 원으로 1개월 만에 1,000만 원 만드는 방법'같이 사람들을 속이는 광고가 많아졌다. 인생은 절대 한 방이란 없다는 걸 명심하길 바란다. 조금 느릴지 몰라도 기본기를 다지는 마음으로 찬찬히 재테크 근육을 다져야 한다.

📧 눈덩이 한 번 더 굴리기 _____

투자 근육 재테크 만들기는 모소대나무처럼 뿌리는 단단하고, 위로는 울창하게 대나무 숲처럼 단단하게 만들어야 한다. 그래야 무너지지 않는다.

2

사업이 될 수 있는
아이디어를 실현하라

지식에 대한 투자가 언제나 최고의 이윤을 낸다.

- 벤저민 프랭클린

　꾸준히 배움에 투자했다면 그 배움이 나의 무기가 될 수 있다. 요즘은 지식을 바탕으로 하는 새로운 사업을 펼치는 경우가 많다. 다만 주의해야 할 점이 있다. 사업가가 되고 싶다고 해도 아직은 직장을 그만두면 안 된다. 부푼 꿈을 안고 사업을 해 보겠다면서 직장을 그만뒀다가 다시 직장으로 돌아간 예가 수없이 많다.

　근로 소득만으로는 살 수 없는 자본주의 사회에서 누구나 자기만의 사업을 꾸려야 한다고 생각하지만, 그 길은 결코 쉽지 않다. 직장에 쏟는 시간과 열정, 그 이상을 투자하겠다는 각오를 해야 가능하다. "월급 받을 때가 좋았다"라는 말을 하는 초보 사업가들을 쉽게 만날 수 있다. 나의 사업에서 가능성을 발견하기 전까지는 나의 시간과 노동을 제공한 대가로 받는 근로 소득을 꾸준히 유지하면서 사업을 준비해야 한다. 큰 욕심을 부리지 말고, '월급 이외에 100만 원만 더 벌어 보자'는 마음으로 씨앗을 심어 보자.

네이버 플랫폼으로
무자본 사업하기

돈이 들지 않는 무자본 사업이 먼저다. 무자본 창업은 재고가 없는 비즈니스다. 콘텐츠만 있다면 바로 시작해도 좋다. 포털 사이트만 잘 활용해도 내가 갖고 있는 지식만으로도 돈 버는 수익형 콘텐츠가 탄생한다.

첫째, 정보를 원하는 사람들에게 전문성 있는 정보를 제공하고 수익을 얻는 '네이버 프리미엄 콘텐츠'를 활용해 보자.

유료로 제공되는 구독형 전문 전자책이나 유료 블로그 포스팅이라고 생각하면 된다. 네이버에서 프리미엄 콘텐츠 서비스가 생긴 지얼마 되지 않았다. 양질의 정보가 들어 있는 콘텐츠를 제작하면 흥미를 느낀 구독자가 구매하고, 정보 제공자에게 수익이 발생하는 시스템이다. 제작은 어렵지 않으며 인기 있는 콘텐츠는 프리미엄 채널에서 추천하기도 한다. '클래스101'같이 내가 갖고 있는 사업 아이템을 홍보할 수 있는 기회다.

콘텐츠 스튜디오 판매자를 신청하려면 네이버 프리미엄 콘텐츠에 들어가 오른쪽 상단의 '프리미엄 스튜디오' 버튼을 누른다. 가입 신청을 하고 판매자 유형을 확인한다. 개인, 개인 사업자, 법인 사업자로 나뉜다. 개인으로 신청해도 된다. 개인은 조금 쉽지만, 사업자는 서류를 준비해야 한다. 사업자 등록증과 통신 판매업 신고서, 인감 증명서가 필요하다. 서류가 준비됐다면 미리 준비한 사업자 상호명과 대표자, 사업자 등록 번호를 입력한다. 업태와 종목, 메일 주소, 전화번호, 사업장 주소를 입력하고 정산받을 계좌 번호도 입력한다.

여기까지 했다면 내가 만들 콘텐츠 카테고리를 설정한다. 판매 유형은 전체로 하고 발행 횟수는 최소 주 1회와 발행 요일을 지정할 수 있다. 마지막으로 사업자 등록증, 통장, 인감 증명서 사본을 파일로 첨부해 '가입 신청 완료'를 누르면 신청 완료가 된다. 혹시 오류가 있더라도 나중에 정정이 가능하기 때문에 처음부터 너무 겁먹을 필요는 없다.

둘째, 네이버에서 스티커나 이모티콘을 제작해 보자.

우리는 카카오톡의 이모티콘을 많이 사용한다. 인기 있는 이모티콘 작가는 수억 원을 벌기도 한다는데, 이것이 과연 소문에 불과할까? 아니다. 사실이다. K 작가는 평균 매출이 5억 원 정도이고, 그 중에서 작가가 가져가는 순익은 30%라고 하니 1억 7,000만 원 정도를 버는 셈이다. 카카오톡 이모티콘은 이미 포화 상태라 경쟁하기가 어렵다. 반면에 '네이버 OGQ 마켓'에서 판매되는 이모티콘은 그림에 솜씨가 없어도 아이디어만 괜찮으면 잘 판매되고 있다.

네이버 OGQ 작가가 되고 이미지를 등록하는 방법은 다음과 같다. OGQ 크리에이터 스튜디오에 접속 후 우측 상단의 '크리에이터 되기' 버튼을 누른다. 네이버 아이디로 들어가면 편하다. '콘텐츠 업로드'를 누른 후 스티커를 제안한다. 이때 필요한 PNG 파일이 있다.

- 240×240 픽셀의 PNG 파일 업로드(OGQ에서 스티커 소개 시 보여지는 이미지)
- 740×640 픽셀의 스티커 PNG 파일 업로드(실제로 사용되는 스티커 이미지)
- 96×74 픽셀의 PNG 파일 업로드(내 스티커를 고를 수 있는 탭 항목에 적용되는 이미지)

PNG 파일이 준비됐다면 스티커 제목을 정해서 작성한다. 그다음에는 스티커 내용의 소개가 필요하다. 간단히 내가 만든 스티커를 소개하면 된다. 검색이 잘될 만한 해시태그를 10개 이상 적는다. 작성된 내용과 파일에 오류가 없으면 바로 업로드하면 된다. OGQ 스티커는 업로드 후 이상이 없으면 2주 후부터 판매할 수 있다. MZ세대의 네이버 활용도가 점점 늘어나고 있어 이모티콘이나 스티커의 미래도 더 밝아질 것으로 기대된다.

셋째, 네이버에서 가장 쉽게 활용할 수 있는 '네이버 블로그'를 활용하자.

네이버 블로그는 부업으로도 많이 추천한다. 네이버 블로그에서는 '기록이 쌓이면 뭐든 된다'는 마음으로 한다. 1인 브랜드를 만들고 싶은 사람이라면 전략적으로 블로그를 운영하는 것도 좋지만, 쌓인 기록이 나의 브랜드와 콘텐츠가 되는 경우도 많다. 요즘이야 유튜브가 대세지만, 촬영이나 편집 같은 진입 장벽이 있고 처음 자신을 알리는 사람들에겐 말보다 글이 더 편하기 때문에 블로그를 추천한다.

한 달 동안 열심히 기록한 후 네이버 애드포스트를 신청한다. 승인되면 글 중간과 밑에 보이는 광고가 나에게 수익을 가져다준다. 애드포스트는 네이버가 제공하는 광고 노출 및 수익 공유 서비스, 미디어 관리, 수입 지급 기능을 제공한다. 대신에 승인 조건이 있다. 블로그 개설 90일 이상, 게시글 50개 이상, 일 방문자 100명 이상을 충족해야 한다.

물론 누군가는 "말이 쉽지"라고 할 수 있다. 똑같은 이모티콘 작가라고 해도 누군가는 억대 소득을 올리고, 누군가는 간신히 커피 한 잔 값을 벌기도 한다. 애드포스트 승인 조건인 일 방문자 100명 이상을 달성하는 일도 초보에겐 쉽지 않다. 하지만 나는 시간의 힘을 믿는다. 천 리 길도 한 걸음부터인 것처럼 이런 작은 기록과 시도들이 쌓여서 엄청난 복리 효과를 이뤄 내는 것이다. 한 방에 터지진 않더라도 시간이 쌓이는 동안 내 실력이 일취월장하는 것은 두말할 필요도 없다. 그러니 흐르는 시간을 그냥 보내지 말고 시도해 보길 바란다.

🅦 눈덩이 한 번 더 굴리기 _____

내가 좋아하는 것, 잘하는 것, 10개씩 적어 나만의 강점을 경험에서 찾아보자. 없다면 아직 발견하지 못한 것이다. 다양한 경험을 통해 강점을 찾아 나가라.

③

몸값을 높이는
최고의 방법

목마른 자가 우물을 판다.

- 속담

　백만장자들의 인터뷰를 보면 이들은 수입원이 한둘이 아니라고 한다. 본업으로 하는 사업 말고도 부동산 수입, 주식 수입, 강연 수입 그리고 인세 수입이 들어온다. 새로운 분야에 끊임없이 도전한 덕분에 파이프라인이 생긴 것이다. 그중에서 인세 수입은 작가가 돼야만 생기는 부수입이다.

　매년 크리스마스가 되면 어린이들의 가슴을 설레게 하는 특선 영화 〈해리 포터〉 시리즈를 상영한다. 지금의 20~30대가 10대 시절을 함께 했던 영화다. 〈해리 포터〉의 원작자 조앤 K. 롤링은 역사상 최초의 억만장자 작가로 등극했다. 숨만 쉬어도 돈이 들어온다는 그녀의 인세 수입은 한화로 1조 3,000억 원을 넘어선다. 상상을 초월하는 금액이다. 그녀는 집 근처 카페에 앉아서 〈해리 포터와 마법사의 돌〉이라는 판타지 소설을 쓰고 출판사에서 12번이나 거절당했다. 그러나 포기하지 않고 13번째에 출판해서 대박을 터트렸다. 물론 누구에게나 벌어지는 일은 아니지만, 그렇다고 내 얘기가 되지 말라는 법도 없다.

만약 작가를 꿈꾸며 책을 내고 싶은 독자가 있다면 글쓰기를 먼저 해 보는 것을 추천한다. 처음에는 뭘 써야 할지 어렵게 느껴지지만 글감은 언제나 가까이에 있다. 자기 경험이나 일상을 작가의 시선으로 바라보는 연습을 하면 차차 소재를 보는 눈이 생길 것이다. 하다 못해 오늘 점심 때 혼자 먹은 밥도, 남편과의 부부 싸움도 그 안에서 나눌 이야깃거리만 있다면 글이 될 수 있다. 하지만 여기에서 중요한 것은 글쓰기를 나의 몸값을 높이는 도구로 사용하려면 반드시 어디에든 공개해야 한다는 것이다.

블로그나 브런치, 페이스북 등 글을 공개할 수 있는 플랫폼이면 어디든 좋다. 글을 공개하는 것은 글 실력을 높이는 방법 중 하나이면서 나를 세상에 알릴 수 있는 기회기도 하다. 이렇게 쓴 글이 좋다면 출판사에서 책 출간 의뢰가 들어오기도 한다. 하지만 처음부터 대단한 욕심을 부리기보다 글을 쓰는 습관을 기르는 것을 목표로 하는 것이 좋다. 필력이 부족해도 이렇게 쌓아 놓은 글은 나중에 책을 낼 때 돌아볼 수 있는 자료가 되고, 인사이트를 줄 수도 있다.

매년 인세 받는 작가가 되는 법

만약 처음부터 책을 목표로 한다면 하나의 콘셉트로 명료하게 써 보는 연습이 필요하다. 하나의 주제로 글 한 편을 쓰는 것과 책 한 권을 쓰는 것은 엄청나게 다른 일이다. 10포인트의 글씨 크기로 A4 용지 한가득 80장이 돼야 한 권의 책이 나온다. 단, '초고는 쓰레기' 라는 말이 있듯이 버려야 할 원고도 많으니 딱 80장만 쓴다면 책 출간이 어려울 수도 있다.

책을 준비한다면 무엇보다 독자의 시선에서 쓰기를 당부한다. 글 쓰기의 특성상 자신의 시선 안에 갇히기 쉽기 때문이다. 초보 작가 일수록 어려운 주문이겠지만 '공적인 글쓰기', 특히 책 쓰기에서는 독자를 떼어 놓을 수 없다. 작성한 글을 공개하라고 하는 이유도 여 기에 있다. 나의 글을 독자가 어떻게 이해하고 공감하는지를 계속 체크하면서 자기만의 장단점을 알고, 독자와 교감하는 훈련을 할 수 있기 때문이다.

'글은 엉덩이로 쓴다.'

이 말은 수많은 작가의 에세이에 등장하는 문장이다. 그만큼 우직하게 쓰는 것에 시간을 할애해야만 좋은 글이 나온다. 또한 책 쓰기를 출산에 비유하기도 하는데, 나도 종이책 세 권을 출간한 작가이기에 충분히 이해가 간다. 이처럼 수많은 작가는 자신의 목소리를 담은 책을 만들어 내기 위해 온 힘을 기울인다.

원고를 다 집필했다면 가장 중요한 출간 기획안을 잘 써야 한다. 출간 기획안은 영화의 예고편이라고 보면 된다. 독자의 흥미를 끌기 위해 책을 집필하는 것이니 출간 기획안을 볼 편집자가 첫 번째 독자라고 보면 된다. 우선 제목(가제)이 중요하다. 쓰고 싶은 책 표지를 만들어 보내면 효과가 배로 커진다. 기획 의도와 저자 소개, 독자층이 누구인지를 명확하게 써야 한다. 목차와 프롤로그도 중요하다. 유사한 경쟁 도서와 차별성도 있어야 한다. 내 책이 왜 필요한지, 내 이야기가 세상 밖으로 나와야 하는 이유를 명확히 써서 나를 출판사에 어필해야 한다. 작가의 입장에서 책을 출간하는 출판의 종류를 소개해 본다.

- 기획 출판: 출판사와 작가가 원고를 기획하고 출간하는 시스템
- 자비 출판: 작가가 만든 원고를 직접 자기 비용으로 출판하는 시스템
- 독립 출판: 자비 출판과 유사하지만, 독립 출판 네트워크에서만 출판하는 시스템

- PDF 자가 출판: 작가가 원고를 만들고 PDF 출판사에 출간 의뢰를 하면 온라인상에만 출판하는 시스템

투고해서 출판사 계약까지 했다면 큰 산을 넘은 것이다. 이후에도 출판사와 함께 방향을 수정하며 계속되는 퇴고와 피드백의 과정을 거쳐야 하지만, 그 과정을 기쁘게 즐기기를 바란다. 책이 그리 쉽게 만들어진다면 나의 몸값을 높이는 최고의 수단이 될 리 만무하다.

지금까지 성공 도구가 학벌이었다면 이젠 아니다. 무엇이든 잘하는 내 삶의 포인트를 찾아 인생에 새로운 운전대를 잡는 것이다. 책을 쓴다는 것은 그런 것이다.

🔵 눈덩이 한 번 더 굴리기 _____

작가가 되고 싶다면 매일 30분씩 정해진 시간에 글을 써 보자. 꾸준함은 재능을 이긴다. 삶의 포인트를 찾아 글 쓰는 삶을 살아가길 바란다.

4

굿즈 만들어
스마트스토어에 팔기

지금 적극적으로 실행되는 괜찮은 계획이
다음 주의 완벽한 계획보다 낫다.
- 조지 패튼

　새해가 되기 전 매년 가계부를 샀다. 매달 적자가 나니 한 달 적고 마는 가계부에 재미를 느끼지 못했다. 과연 부자들도 가계부에 기록할까? 당연히 기록한다.

　친구 중 부자 남편을 둔 W가 있다. 사업을 하는 남편은 그녀에게 매달 생활비를 준다. 이 부부는 매년 주식 배당금이나 예금 이자 수익금으로 해외여행을 간다. 원금을 절대 까먹지 않는 걸 원칙으로 하며 가계부에 쓴 돈을 기록한다. 남들이 다 간다고 카드 대출이나 마이너스 통장으로 해외여행을 가는 우리와는 다른 삶을 살고 있다. 그렇다면 이들은 어떻게 부자가 됐을까? 친구의 33년간의 가계부 기록이 부자가 될 수밖에 없는 이유였다. 그녀는 부자의 삶을 살면서도 자기만의 가계부를 만들어 기록한다. 앱 가계부가 아닌 직접 쓰는 손맛을 느낄 수 있는 가계부라 피드백하기에 좋다고 했다.

일단 시작하면
그다음이 보인다

어느 날 '뚝딱 식비 절약' 모임을 하면서 아이디어가 생각났다. '나만의 가계부를 만들어야겠다'는 생각이 떠오른 것이다. 그래서 한 장은 가계부, 그다음 한 장은 요리 레시피가 번갈아 가며 들어 있는 두 달짜리 가계부를 만들었다. 가계부에는 '우리가 왜 절약해야 하는가?'를 설명하고 나의 이야기도 넣었다. 가계부 틀을 만들고 몇 부를 먼저 제본해서 고마운 분들에게 선물로 드리려고 연락하니 다들 놀라며 좋아하셨다. 그렇게 완성된 가계부 키트를 저작권에도 등록했다. 훗날 김유라 작가처럼 가계부 키트를 보완해 1년짜리 가계부로 만들어 판매해 볼 생각이었다.

그러다 나에게도 1년짜리 가계부를 만들 기회가 왔다. '뚝딱 식비 절약'을 운영하다 보니 돈 모으기 가계부가 필요했다. 그것이 바로 전작 《50대에 시작해도 돈 버는 이야기》에 수록된 닥치고 시리즈 중 하나인 '닥돈(닥치고 돈 모으기) 가계부'다. 많은 사람이 가계부를 엑셀이나 수기로 만들어 사용하기도 한다. 그러나 식비 절약 콘텐츠를 운영하며 상담해 보니 돈이 없는 사람일수록 가계부를 쓰지 않는다는 사실을 알게 됐다. 기록해 봐야 마이너스라는 생각에 써 본 일조차 없단다. 자신의 상황을 파악하려면 절약하며 가계부를 기록해야 하거늘, 단순해 보이지만 눈으로 보이기에 손으로 기록하는 것은 강력한 방법이다. 행위만으로도 지출 억제가 가능하다.

'뚝딱 식비 절약' 멤버들과 함께 부자를 꿈꾸며 출판이 아닌 자체 제작으로 만년 닥돈 가계부를 만들었다. 가계부에는 단순히 식비 절약하라는 내용만 기재돼 있지 않다. 중요한 일과를 작성하는 투 두 리스트에 공간과 냉장고 지도(냉장고의 음식 재료를 적은 것)와 식단 구성을 기록하는 공간도 있다. '오늘 한 줄'란은 일과를 피드백하며 가계부로 마무리했으면 하는 바람으로 제작했다. 가계부에는 무지출 스티커와 별 스티커가 함께 들어 있다.

디자인에 능한 사람이라면 혼자서도 가계부를 만들 수 있지만, 어렵다면 디자인 전문가에게 맡기면 된다. 내가 어설프게 만든 것보다 전문가의 손길을 거치면 훨씬 근사한 가계부 표지가 나온다. 겉표지까지 완성됐다면 책을 출판하는 인쇄소에 맡기면 좋다. 최소 수량 100권부터 인쇄할 수 있다. 종이의 질부터 두께에 따라 가격이 차별화된다.

출판한 가계부라면 출판사에서 판매되겠지만, 자체 제작이기에 스스로 팔아야 한다. '만든 가계부를 어디에 팔아야 할까?' 하고 걱정이 드는 분에게는 스마트스토어를 추천한다. 나는 '꿈꾸는 부자여행' 스마트스토어를 운영하며 내가 만든 가계부 키트와 우리 멤버들이 만든 굿즈도 함께 판매하고 있다. 만년 다이어리와 필사 노트를 판매하는 멤버가 있는가 하면, 가방을 만들어 판매 상품으로 내놓은 멤버도 있다.

굿즈를 만들어 함께 판매하는 이유는 판매에서 끝나지 않고, 돈을 벌 수 있는 콘텐츠로 이어지는 발판이 될 수 있음을 보여 주기 위함이다. 예를 들어 나만의 가계부 만들기에 관심이 있다면 시중의 다른 가계부와 큰 차별성을 두고 가계부를 제작하길 바란다. 완성 후에는 제목과 닉네임이 들어 있는 가계부를 한국 저작권 위원회에 저작권을 등록해야 다른 이들이 내 가계부를 함부로 만들어 사용할 수 없다. 소중한 내 브랜드는 내가 지키며 돈을 벌 수 있는 굿즈 만들기 시작해 보기를 바란다.

Ｗ 눈덩이 한 번 더 굴리기 _____

직장이 아닌 직업이 중요한 시대에 돈을 버는 방법은 여러 가지다. 디지털 노마드가 되고 싶다면 나만의 재능을 팔아 보자.

5

무인 창업은
아직 블루 오션이다

늦었다고 생각할 때가 가장 빠른 때다.
- 속담

2,000만 원~4,000만 원으로
무인 셀프 사진관 창업하기

최근에 스튜디오처럼 꾸며 놓고 자유롭게 프로필 사진, 가족사진 등을 촬영할 수 있는 무인 셀프 사진관이 유행하고 있다. MZ세대에게 인기가 많다 보니 우후죽순 늘어나는 추세다. 손녀의 300일 촬영 때 이용해 봤는데 3만 원에 1시간 동안 원하는 만큼 사진을 찍을 수 있었다. 원본은 메일로 받아 보고, 마음에 드는 사진 3~4장을 인화해 주는 방식이다. 소품도 준비돼 있기에 셀프로 사진 찍기 좋아하는 젊은 층에게 인기가 많다.

초기 투자 비용이 적게 들며 운영이 간편하다는 장점 때문에 최근 많이 보이는 만큼 상권 선택이 중요하다. 유동 인구가 많고 경쟁 업체가 없는 곳을 공략하되 경쟁 업체가 있다면 어떤 차별화를 둘 것인지 전략을 짜야 한다. 기기는 다양한 종류가 있지만 초기 투자 비용을 줄일 겸 중간 가격 정도로 선택해서 시작하자. 대신 스튜디오라는 특성에 맞게 인테리어에 조금 더 힘을 기울여야 한다. 작은 공간일수록 인테리어는 밝고 깔끔하면 된다. 수요가 많은 곳이라도 초기에는 적극적으로 마케팅하면 좋다. 특성상 예약제로 운영하므로 온라인과 오프라인을 이용해 적극적인 홍보에 나서도록 해야 한다.

2,500만 원~5,000만 원으로
공유 오피스 창업하기

'우물 안 개구리'라는 말이 괜히 있는 것이 아니다. 온라인 커뮤니티를 통해 여러 사람을 만나면서 제일 많이 깨닫는 것은 너무 대단한 사람들이 많다는 사실이다. 그분들의 삶에서 서로 참 많이 배우게 된다.

커뮤니티에서 함께 활동했던 C는 공유 오피스 강의도 듣지 않고 투자금 2,500만 원으로 공유 오피스를 창업해 연달아 3호점이나 오픈했다. 창업 비용을 1억 원도 들이지 않고 세 개의 점포에서 한 달에 700만 원이나 현금 흐름이 나온다. 우리가 알고 있는 공유 오피스는 공간이 넓고 투자 비용도 많이 든다. 투자 비용으로는 최소 1억 원에서 1억 5,000만 원이 든다.

그녀도 처음부터 공유 오피스를 목표로 한 것은 아니다. 부동산에 투자해 놓은 매물이 많아 이자가 많이 나가면서 매월 수익을 얻을 수 있는 현금 흐름이 필요했다. 처음 시작하는 일이라 고민했지만, 투자금이 작다면 해 볼 만하다고 생각했다. 게다가 그동안 부동산 공부를 꾸준히 한 덕에 입지를 잘 알아볼 수 있었다. 그녀는 마음먹은 후 바로 네이버 부동산에서 사무실 및 상가를 검색했다. 미루지 않고 매물에 곧장 방문한 후 조건에 부합했을 때 바로 가계약금을 보냈다. 덕분에 역에서 3분 거리의 좋은 입지에 월 80만 원이라는 조건으로 마음에 드는 곳을 계약할 수 있었다.

계약한 후에는 운영 방법을 고민하고 그때부터 투자금을 줄이는 방법을 생각해 냈다. 다행히 C의 남편은 맥가이버처럼 고치는 것에 능숙했다. 조명과 페인트칠을 셀프로 했다. 학원을 운영하던 곳이라 다섯 개의 교실에 작은 칸을 더 만들어야 했다. 어설프지만 남편의 손으로 인테리어 비용을 아꼈다. '남의 건물에 인테리어는 최소화하자'는 마인드로 타 공유 오피스보다 가격은 저렴하게, 대신 개인 공간은 넓게 쓰는 콘셉트로 정했다. 중고 마켓에서 저렴한 가격에 새것 같은 물건을 찾아 아늑하게 꾸몄다. 덕분에 오픈 후 바로 전 호실을 계약할 수 있었고, 3호점까지 오픈할 수 있었던 것이다.

부동산 공부가 선행돼 있었고, 거기에 그녀 특유의 진취력이 더해지면서 빠르게 현금 투자 흐름을 만들 수 있었다. '돈이 없다'는 말은 어쩌면 핑계일지도 모른다. 투자 비용이 부족해도 끊임없이 공부하고, 발품을 팔고, 망설이는 대신 바로바로 실행했던 그녀의 성공기는 많은 사람이 참고할 만하다.

4,000만 원으로
무인 카페 창업하기

중년 여성의 경우 '카페를 하나 차리고 싶다'는 작은 로망을 가진 사람이 많다. 나 역시 좋아하는 커피도 마시며 누군가를 만날 수 있는 공간이 필요하다는 생각이 들었다. 물론 그저 낭만으로 시작한 것은 아니다. 무인 카페 강의를 듣고 무인 카페는 상가 입지만 잘 고르면 창업 비용 대비 수익률이 높을 것이라는 예감이 들었다. 다른 무인점포도 비슷하지만, 무인 카페의 경우 특히 입지가 중요하다. 아파트 단지 내 상가에 해야 저가 커피 전문점과 경쟁을 피할 수 있다. 또한 입지가 좋아야 단골이 생기기에도 용이한데, 단골들이 매출에 큰 영향을 미치기 때문이다. 내가 차린 카페 역시 입지 덕을 톡톡히 봤다.

'무인'의 장점은 인건비 같은 고정 지출이 절약되는 데 있다. 자영업을 할 때 사장님들이 골치 썩는 이유가 의외로 직원 문제라는 이야기를 많이 들었다. 무인 카페는 관리하는 사람은 없되 관리하고 있다고 느끼게 해야 한다. 주인이 관리한다는 인식을 심어 줘야 무슨 장사든 잘된다.

나의 경우에는 간식거리도 가끔 제공하기에 손님이 좋아한다. 주로 젤리나 초콜릿이다. 대형 할인점에서 한 번에 구매해 매장에 가져다 둔다. 간식 옆에 출출할 때 드시라고 쪽지를 써 놓으니 이를 본 고객이 감동이라고 다시 댓글 쪽지를 남겨 놓기도 했다. 청소하다 아이를 보면 한 움큼씩 쥐어 주기도 한다. 때에 따라서 이벤트도 연다. 좋은 인상을 주면 고객들의 재방문율도 높다. 물론 가장 신경 써야 할 부분은 청결과 기자재 보충이다. 당연히 챙겨야 할 기본이지만, 많은 손님이 드나드는 곳이라 음료를 엎지르거나 컵이 똑 떨어지는 등 예상치 못한 변수도 생기기 마련이다. 이럴 때 빨리 대처할 수 있도록 사는 집 근처에서 운영하는 것이 좋다.

대부분 무인 카페는 여름이 성수기다. 내 카페의 경우 순수익은 여름이 250만 원 정도이고, 겨울이 150만 원 정도다. 커피 머신에서 나오는 커피와 음료만 판매하니 하루에 1시간 정도만 매장에서 일한다. 카드로만 매출이 일어나니 도난 사고도 없어서 큰 신경을 쓰지 않아도 된다. 4,000만 원이라는 창업 비용과 일하는 시간에 비하면 그야말로 돈 나무라고 해도 과언이 아니다. 오늘도 든든하게 가정 경제를 받쳐 주고 있다.

시장은 끊임없이 변한다. 하지만 본질은 변하지 않는다고 생각한다. 나는 카페를 우후죽순 쏟아지는 흔하고 흔한 무인 카페가 아니라 손님들과 함께 성장하는 공간으로 만들어 가겠다는 목표가 있다.

4,000만 원으로
무인 탁구장 창업하기

어릴 때부터 탁구를 좋아했던 나는 중학교 시절 탁구를 잘하는 학교 대표 선수인 친구를 부러워했고 나도 잘하고 싶다는 로망으로 가득했다. 어른이 된 후에는 탁구 동호회에 나갔고, 저녁 식사 후 가족과 탁구를 치러 다니기도 했다. 요즘에는 동네에 무인으로 운영하는 탁구장이 생겨 자주 이용한다. 매번 갈 때마다 줄을 설 정도로 인기가 많아 탁구를 좋아하는 사람들이 많음을 알 수 있었다. 그렇게 단골이 돼 운영하는 점주를 만날 기회가 생겼다. 사장님은 본인이 운동하기 위해 탁구장을 차렸다고 하셨다. 나와 비슷하게도 취미가 탁구인 사장님의 이야기에 무인 탁구장에 관심이 생겼다. 수요를 보니 동네 주민이 오기도 하지만 탁구 동호회 회원이 주요 고객으로 매일 이용한다.

탁구대에 장착해 놓은 기계에 카드나 현금을 내면 네트가 위에서 밑으로 내려간다. 탁구가 종료되면 다시 네트가 밑에서 올라온다. 혼자 탁구를 하고 싶은 사람을 위해 탁구 로봇이 대기하고 있다. 예상 창업 비용은 얼마일까? 지하에 운영할 수 있으며 5,000만 원 안팎으로 비용이 나온다. 비용은 탁구 가맹점마다 다를 수 있지만, 탁구 치는 시간은 30분에 6,000원, 1시간에 1만 2,000원이다. 이용 시 원하는 탁구대를 간편하게 앱으로 예약할 수도 있다. 탁구장을 24시간 운영할 수 있지만, 오전 5시~오후 11시까지만 운영해도 수익이 제법 나온다. 음료 자판기에서 나오는 수익까지 합하면 사회 초년생 월급 이상만큼 나온다고 하니 운동을 좋아하는 분은 참고해도 좋겠다.

창업마다 다르겠지만, 소자본 창업의 가장 큰 장점은 인건비 절감이다. 저비용(매장 임대료, 인건비)이며, 편리성(대기 시간, 비대면), 차별성(이벤트나 간식 제공)을 만들 수 있다. 단점으로는 도난 위험(CCTV 설치, 보안 시스템)이 가장 큰 문제점이고, 고객 소통(기계 고장, 문제 발생 대응)이 있다. 게다가 거주지와 거리가 멀면 빠른 대응이 어려워 해결이 늦어진다. 하지만 단점보다는 장점이 많아 도전해 볼 만하다. 지금은 무인 창업이 대세다.

ⓦ 눈덩이 한 번 더 굴리기

수익이 더 좋은 자산에 투자하기 위해서 무모한 일에도 승부수를 띄우자. 잘되는 일은 이미 레드 오션이다. 어느 때라도 살아남는 자가 강한 것이다.

6

어디든 살 수 있는 세상 수익 만들기

바람이 불지 않으면 노를 저어라.

- 윈스턴 처칠

여행지 한 달 살기부터 도심 단기 숙박까지

중장년층인 50대 이상의 10명 중 2명 이상은 '장기간 살아 보는 여행'을 다녀왔다는 설문 결과가 있다. 해외는 일본이 가장 많았고, 국내는 제주도가 압도적으로 많았다. 많은 사람이 새로운 환경에서 나를 돌아보고, 지나간 삶을 정리하고 싶어 한다. 버킷 리스트에도 국내든 외국이든 한 달 살기와 산티아고 순례길 걷기가 꼭 적혀 있다.

새로운 경험과 문화 체험을 그 지역 사람들과 함께할 수 있다는 게
한 달 살기의 큰 장점이다. 나 역시도 이런 마음이 있어서일까? 낯선
곳에서 살아 보고 싶은 마음을 충족시켜 줄 수 있는 '공간 임대'가 새
로운 사업 아이템이 될 수 있다는 것을 깨달았다.

숙박객들이 한 달 살기로 원하는 장소가 주로 여행지라서 지역은
바닷가나 산이 있는 곳이 좋다. 우리는 꽃이 만발하는 마당이 있거
나 창문 넘어 바다가 보이는 집에 살아 보고 싶다는 로망을 갖고 있
다. 하지만 직장을 놔두고 거처를 옮기는 용기는 쉽게 낼 수가 없
다. 그럴 때 선택은 단기 임대, 즉 공간 임대에 사는 것이다. 공간 임
대를 시작하려면 '리브애니웨어', '삼삼엠투'에 호스트로 등록해야 한
다. 숙소 임대를 위해 사이트에 실평수 및 방 개수와 욕실 개수 등을
입력한다. 무선 인터넷은 있는지, 건조기가 갖춰져 있는지 숙소 설
명에 정확하게 기재해야 한다. 주변에 맛집, 편의 시설도 숙소 안내
문에 기재해 놓는다.

나의 경우 호스트로 등록한 13평 아파트에서 나오는 수익은 평균
85만 원이다. 매매해서 인테리어 가격까지 7,500만 원이 들었으니
꽤 쏠쏠한 수익이다. 자금이 부족하다면 월세를 얻어서 운영해도 문
제가 되지 않는다. 단, 주인에게 통보해야 하고 월세 비용이 지출되
니 수익은 반으로 줄어든다.

공간 임대는 꼭 바다나 숲이 보이는 곳이 아니어도 된다. 주거지
에서 운영하려면 대형 병원이 가까우면 좋은 장소다. 간호 대학 실

습생은 실습하는 동안 머물 곳이 필요하다. 2주 실습 기간에 단기 임대에 머물러야 하기에 수요는 꾸준하다. 지방에서 올라온 환자의 보호자도 쉴 곳이 필요하기에 나는 두 곳을 함께 운영한다. 월세를 제하고도 수익률은 월 100만 원 선이다. 운영하다 보면 방이 비어 있을 때도 있다. 그럴 때는 내가 가서 쉬기도 한다. 사업도 하고, 쉴 수도 있고 그야말로 일거양득이다.

내가 사는 동네에도 대형 대학 병원이 있다. 바로 임대업으로 등록하고 주거지에 일주일부터 한 달까지 단기 임대 숙소를 열었다. 바닷가와 다른 점은 들어오는 임대 비용이 커 소득이 높다는 것이다. 게다가 거리도 가까워 청소 거리가 쉬운 것도 장점이다. 하나보다는 두 곳에서 수입이 창출되니 파이프라인이 늘었다.

전 세계를 대상으로 수익을 벌어들여라

공유 숙박은 일반 주택을 숙박용으로 제공하는 사업을 말한다. 제일 많이 이용하는 '에어비앤비'는 전 세계적으로 유명한 공유 숙박업이다. 세계 여러 나라 여행객이 예약하고 이용할 수 있는 플랫폼을 제공한다. 개인이나 회사가 갖고 있는 숙소를 에어비앤비에 등록할 수 있다. 전 세계 190개 이상 국가에서 이용할 수 있으며 100만 개 이상의 숙소가 등록돼 있다. 농촌에서는 최대 180일까지 내국인도 받을 수 있게 2019년도에 법이 바뀌었다. 에어비앤비는 여행의 형태와 트렌드를 바꿨다. 호텔보다 숙박비가 저렴하기에 많은 사람이 이용한다.

최근 들어 해외여행으로 빠져나가는 관광객을 잡기 위해 공유 숙박과 관련한 규제 완화 이야기가 심심찮게 들리고 있다. 국내 지역 관광을 활성화하기 위해 숙박 쿠폰을 발행하고, 2월과 6월을 '여행가는 달'로 지정하면서 관광 분위기를 조성하고, 숙박 요금을 할인하는 등 공유 숙박 활성화를 위해 개선 방안도 마련하고 있다.

에어비앤비는 민박업이 아니라 공유 숙박업으로 등록한다. 공유 숙박 종류는 외도민(외국인 관광 도시 민박업), 농어촌 민박업, 한옥 체험업이 있다. 그중 쉽게 접근할 수 있는 건 외도민업이다. 주택이나 아파트는 가능하나 오피스텔, 원룸형 주택은 등록이 불가하다. 불법으로 운영 시 징역 2년 이하, 벌금 최대 2,000만 원이다.

공유 숙박 플랫폼인 '위홈'은 정부로부터 규제 샌드박스 실증 특례를 받아 내외국인 모두 숙박이 가능한 공유 숙박 플랫폼이다. 위홈에서는 상업적 오피스텔을 제외한 단독 주택, 다가구 주택, 아파트, 연립 주택, 다세대 주택에서 합법적으로 공유 숙박 사업을 운영할 수 있다. 공동 주택인 경우에는 이웃의 동의서가 필요하다. 임대해서 한다면 소유주 동의서도 필수다. 에어비앤비는 원룸 주택이 불법이지만, 위홈에서는 합법이다. 다만 아직은 알려지지 않았기에 이용하는 사람의 수가 적다.

에어비앤비 공유 숙박 강의를 듣고 실제로 호스트가 된 A는 사는 곳과 가까운 곳에서 운영하기에 청소를 직접 한다. 그녀는 보증금까지 800만 원을 투자했다. 중고 매장에서 구한 새것 같은 물건으로 채우고 깨끗하게 관리한다. 계절이 바뀔 때마다 침구는 물론 내부 인테리어도 예쁘게 꾸몄다. 공간이 아늑해 하루 이틀 출장을 온 사업가부터 장기 숙박으로는 이사 날짜가 맞지 않아 잠시 살 곳이 필요한 게스트까지 많이 이용한다고 했다. 하루 숙박료가 공간 임대료보다 높기에 월 수익은 월세를 지불하고도 100만 원이 남는다.

호스트가 단기 임대나 공유 숙박을 선호하는 이유는 일반적인 월세보다 높은 수익을 만들어 주기 때문이다. 어딜 가든 내 집이 아닌 곳에서 적응하며 살아 보는 것도 재미있지 않을까? 이는 곧 새로운 도시의 주민이 돼 살아가는 경험이기도 하다. 이런 유행을 불러일으킨 것이 〈스페인 하숙〉이라는 프로그램이다. 타지에서 만난 한국인에게 따뜻한 밥 한 끼와 잠자리를 제공하며 추억을 선물하는 모습은 마치 내가 대신 스페인에서 그런 대접을 받은 것처럼 부러우면서도 힐링이 되는 시간이었다. 나도 그때부터 어디든 살아 보고 싶다는 로망이 생겼다.

⟨W⟩ 눈덩이 한 번 더 굴리기 _____

월세를 받는 삶은 모두의 꿈이다. 공유 임대, 공유 숙박 창업으로 월세 부자처럼 매달 소득이 들어오는 100만 원의 기쁨을 누려 보자.

스마트스토어로 돈 버는 법

온라인 창업을 꿈꾸는 사람들이 한 번쯤 대박 신화를 노리고 알아본다는 '스마트스토어'는 네이버에서 운영할 수 있다. 네이버 스마트스토어에 등록하면 판매 수수료 6% 이외에 별다른 비용이 들지 않는다. 게다가 스마트스토어는 네이버와 연동돼 블로그에 포스팅하면 자동으로 자신의 아이템이 홍보되는 효과를 얻을 수 있다는 장점도 있다.

'누구나 쉽게 스마트스토어로 부수입 100만 원 벌기'

누구나 쉽게 돈을 벌 수 있다는 문구에 3년 전 나는 강의를 듣고 스마트스토어를 오픈했다. 판매 수수료 외 별도의 비용을 지불하지 않아도 된다니 고작 강의 한 번 듣고 '월 30만 원만 수익을 내 보자' 하는 심정으로 뛰어들었다. 스마트스토어는 처음 시작할 때 수익에 비해 큰 노력이 들어간다. 최소한의 자본이 있어야 좋은 물건을 미리 선점할 수 있다.

스마트스토어는 위탁, 사입, 구매 대행 등 크게 세 가지로 나뉘는데, 나는 물건을 사 오지 않고 업체의 상품 페이지를 위탁으로 판매하는 방법을 택했다. 결과는 어땠냐고? 망했다. 제대로 공부하지 않았기에 잘 될 리가 없었다. 상품을 검색 상단에 올려 홍보해 주겠다는 마케팅 회사의 연락이 주문보다 더 많았다. 광고비를 내도 효과가 크지 않았고 주변에서 돈만 뜯기는 사기도 빈번했다.

나는 시각 디자인을 전공한 B와 함께 '꿈꾸는 부자여행' 스마트스토어를 오픈했다. 블로그에 포스팅한 내용을 기반으로 상품 페이지를 만들고, 스마트스토어에 노출하니 혼자 블로그에서 판매하던 것보다 훨씬 많은 주문이 들어왔다.

또한 '꿈꾸는 부자여행' 스마트스토어는 꿈부여 멤버들에게 제품을 팔 수 있도록 장소를 제공하는 역할을 한다. 운영하는 커뮤니티가 커지며 많은 분이 전자책을 출간했다. 이들에게 오픈 마켓이 아닌 다른 출구로도 판매 통로를 만들어 주고 싶었다. 멤버들이 기존에 좋은 제품을 갖고 있음에도 판매 방법을 모르는 경우, 스마트스토어에 등록해 판매할 수 있도록 도와주고 있다. 좋은 구성으로 짜여진 다이어리를 직접 만든 멤버는 블로그를 통해 스스로 판매를 도전했지만 쉽지 않다고 했다. 다른 곳에서 판매한다는 건 방법을 모르기에 더더욱 어렵다.

하지만 방법은 간단하다. 스마트스토어에 제품을 등록한 뒤 주문이 들어오면 운영진에서 배송 정보를 보내 준다. 그리고 배송 정보에 따라 제품을 고객에게 보내 주면 끝이다. 정산은 네이버 수수료를 제외하고 한 달에 한 번 스토어에 등록된 멤버에게 보낸다. 스토어는 블로그에서 혼자 파는 것보다 훨씬 더 좋은 환경에서 홍보와 판매를 할 수 있다. 중장년층은 스마트스토어 자체를 어려워하는 분이 많기에 또 하나의 파이프라인으로 각자가 돈을 벌 수 있도록 장소를 만들어 준 것이다.

기존에 갖고 있던 좋은 제품, 새로 만들 기발한 아이템, 자신의 노하우를 담은 전자책 등이 하나둘 쌓이고 있다. 앞으로는 많은 사람이 배울 수 있는 강의나 지식 상품도 추가로 스마트스토어에 등록시킬 예정이다.

5 단계

부동산은
자산이 급성장
하는 투자다

부동산 투자로 5억 원 만들기

1

내 집 마련, 더 이상 미루지 말고 실현하라

집을 소유하는 것이 곧 부의 핵심이다.
재정적 풍요와 정서적 안정 모두를 준다.

- 수제 오먼

부동산 투자는 수익률이 가장 좋은 재산 증식 방법이다. 부동산의 상승과 하락은 주기적으로 계속 반복되지만, 꾸준히 우상향됐음은 명백한 사실이다. 게다가 전국적으로 인구는 줄어드는데도 많은 인구가 서울 및 수도권으로 집중됐다. 그래서인지 서울의 집값은 평균 12억 원이 넘는다. 근로 소득으로 모아서 절대로 살 수 없는 가격이 된 것이다. 그럼에도 지방에 사는 부자들은 서울에 아파트를 몇 채씩 갖고 있다. 이들은 그곳에 거주하지 않고 투자한다. 부동산에 대해 공부하면 할수록 일찍 투자 공부를 시작했더라면 주거와 투자를 분리해 부동산으로 돈을 벌 수 있었겠다는 생각이 든다. 그런데 뒤늦게라도 주거와 투자를 분리하지 않은 이유는 남의 시선이나 불편함을 견디지 못했기 때문이다.

미래의 내가
편안해지는 몸 테크

가진 것 없이 결혼한 남편과 나는 보증금 300만 원에 월세 14만 원인 단칸방에서 신혼을 시작했다. 〈응답하라 1988〉에 나오는 덕선이네 집보다도 더 열악했다. 덜컹거리는 현관문을 열고 들어가면 바로 작은 부엌이 나왔다. 부엌이라고 해 봤자 싱크대 한 칸짜리와 가스레인지가 전부였다. 화장실은 다섯 집이 공동으로 사용하는 재래식이었다. 냄새나는 화장실임에도 아침마다 휴지를 들고 줄을 섰다. 지금으로서는 상상 할 수 없는 진풍경이 벌어졌다. 그야말로 1960년대로 돌아간 느낌이었다. 신혼의 달콤함은커녕 방 한 칸, 부엌 한 칸이 전부인 집에서 점점 상실의 시간을 맞이했다. 겨울에 태어난 아이는 벽 사이로 스며드는 외풍과 자주 꺼지는 연탄불에 늘 감기를 달고 살았다. 게다가 옆집에서 자주 들리는 부부 싸움 소리는 듣는 사람마저도 우울과 절망에 빠지게 했다.

사는 집이 문제였다. 나를 절망의 구렁텅이로 몰아넣는 이 집에서 도피해야만 했다. 하지만 탈출을 꿈꾸기에는 통장 잔고가 너무도 초라했다. 방 두 칸짜리 아파트는 전세금이 2,000만 원이었고, 내가 가진 돈은 500만 원이 전부였다. 드라마 주인공처럼 힘든 문제와 맞닥뜨릴 때마다 해결책이 생기는 그런 기적은 현실에서는 일어나지 않았다. '이사해야겠다'고 다짐한 순간부터 집이 더더욱 싫어져서 어떻게든 해결책을 찾아야만 했다. 2년을 운영하던 학원을 선배에게 넘긴 덕에 드디어 꿈에 그리던 이사를 할 수 있었다. 13평 짜리 5층 주공 아파트로 이사했다. 이사하던 날, 마치 내 집을 산 것처럼 신이 났다. 보관할 곳이 없어 사지 못했던 유모차에 아기를 태울 수 있다는 것만으로도 모든 것이 좋았다. 더 이상 아이는 감기로 고생하지 않게 됐다.

그러나 또 다른 현실에 맞닥뜨리는 데는 얼마 걸리지 않았다. 바로 남편이 외벌이라는 사실이었다. 내 뜻대로 아파트 전세로 이사는 했는데, 들어오는 돈은 현저히 줄어들었다. 상황을 파악하고 나니 모든 것이 두려워졌다.

'남편이 일을 그만두면 어떡하지? 갑자기 내가 아프기라도 하면 어떻게 되는 거야?'

순간의 불편함을 참지 못 하고 무리를 해서 이사한 탓에 불안한 미래만 남았던 것이다.

신혼 보금자리를 어디서 시작하느냐부터가 부동산 투자의 시작이다. 깊이 생각하지 않고 저지르기만 했던 내 젊은 날을 떠올리며 젊은 사람들에게 지금이라도 가난의 탈출구인 몸 테크를 시도해 보라고 전하고 싶다. 몸 테크는 상대적으로 집값이 많이 오를 가능성이 있는 집을 마련하고, 미래를 위해 불편함을 감수하더라도 작은 집에서 거주하는 것을 말한다. 몸 테크가 가능한 가장 좋은 시기는 막 결혼 생활을 시작하는 신혼 때다. 결혼 자금을 아끼고 전세 자금을 줄여서 거주와 투자를 분리하는 것이다. 누구나 좋은 집에 거주하고 싶은 마음은 당연하다. 그러나 젊은 날의 고생이야말로 젊은 몸이 받쳐 줄 수 있다. 자녀가 없을 때 부부 둘이서 조금만 고생하면 그것이 훗날의 밑천이 될 것이다.

내 집을 마련하기 전 부동산 공부는 필수다. 인천에 사는 J는 30대 중반에 결혼 3년 차다. 그녀는 인천에서 전세로 살며 경매를 무척 열심히 하고 있었다. 당시 한창 부동산 규제로 법인이 내놓은 물건이 많았다. 열심히 공부한 덕에 어떤 확신이 생겼던 것일까? 그녀는 남편의 근무지인 청주 오창에 싼 월세를 얻어 주거지를 바꾸는 도전을 감행했고, 남은 전세금으로 경기도 의왕시에 있는 30년 된 아파트를 경매로 낙찰받았다. 맞벌이하며 쉬는 날에 본인이 할 수 있는 건 셀프로 인테리어를 하며 비용을 아꼈다. 낙찰받은 금액이 다시 전세금으로 들어왔고, 거주했던 인천 지역에 분양권 두 개를 매수했다. 맞벌이하며 중도금을 계속 붓는 방법으로 자산을 불려 나갔다.

앞서 빚을 없애라고 이야기했지만, 부동산 투자에서는 예외다. 돈을 다 모아서 집을 사는 건 현실적으로 어렵다. 집을 매매할 때는 대출이라는 레버리지를 이용하자. 집값은 예금보다도 빨리 오르기에 이자로 나가는 돈이 수입의 30%가 넘지 않는 범위에서 내 집을 먼저 마련하는 것이 좋다. 30%가 넘는다면 수도권 지역에서 오를 만한 곳을 찾아 유망 지역에 투자하고 거주는 직장이 가까운 곳에 전세든 월세든 상황에 맞춰 살면 된다. 어떻게 시작하느냐에 따라 10년 후의 여러분의 삶은 달라져 있을 것이다.

Ⓦ 눈덩이 한 번 더 굴리기

부동산 투자에는 사이클이 있다. 상승기 후엔 하락기가 온다. 이 시기에는 공부할 시기다. '호갱노노', '아실', '부동산지인'과 같은 사이트와 친해지자. 하락장이 왔다면 우리에겐 기회가 온 것이다.

2

주거가 아닌
투자의 시선으로 바라보라

모든 백만장자의 90%는
부동산 소유를 통해 부자가 된다.

- 앤드루 카네기

주변에 부동산 부자가 있어도 나는 귀를 막고 살았다. 《아들아, 돈 공부해야 한다》의 저자 정선용 님 글 중에 "빈자가 쇼핑할 때 부자는 투자한다"라는 글귀가 있다. 계속 빈자로 살면서도 집을 이용할 기회는 여러 번 있었다. 하지만 나는 빈자 마인드였기에 조금만 오르면 팔고 전세나 월세로 살았다. '돈이 뭐가 중요해? 너무 돈, 돈하면 안 돼'라고 생각했다. 하지만 점점 힘겨워지니 삶에서 돈이란 그 어떤 것보다 강력한 영향을 끼친다는 사실을 알게 됐다.

자녀 교육에 올인하며 월세, 전세, 자가, 다시 전세, 월세로 돌며 살았다. 2016년이 되던 해에 시가에서 땅을 매도하며 자녀들에게 조금씩 나눠 주신 자금 덕에 포기하고 살던 우리 가족에게도 한 줄기 희망이 생겼다. 부동산 공부를 제대로 하지 않아 역세권이 아닌 숲세권 단지에 분양권을 매수했다. 당시 분양권 프리미엄의 차이는 2,500만 원이었다. 임장이 뭔지도 잘 몰랐고 부동산 용어도 생소했다. 분양권을 알아보려 부동산을 방문했을 때다.

"어느 동네에서 오셨어요? 가진 자금은 얼마나 있어요?"
"자금이 넉넉하지 않으면 대출이라도 받아야 하는데, 소득과 신용이 좋아야 합니다."
"부동산 초보는 겁나서 투자를 못합니다."

분양권을 사려고 온 행색에서 초라함이 보였는지 부동산 소장님의 목소리에서 나를 무시하는 느낌을 받았다. 소장님의 눈빛에 자존심에 상처가 났다. 자존감도 지하로 파고들었다. 자존심이 상한 그날 결국 매수하지 못했고, 집이 아닌 서점으로 향했다. 부동산 전문 코너에서 책을 펼치는 순간 외국어가 아닌데도 도통 알아볼 수 있는 단어가 없었다.

그 이후 나는 부동산 책에서 나오는 용어를 달달 외우다시피 하며 살 집을 찾아 부동산 현장을 다녔다. 그러다가 겨우 대출 많은 30평대 집 한 채를 마련해 놓고도 바쁘다는 핑계로 정신을 차리지 못했다. 정신이 번쩍 들었을 때는 이미 내 나이 50대 중반을 달리고 있었다. 그때부터 본격적인 부동산 공부를 시작했다. 부동산 강의를 듣고 지역 분석을 공부하다 보니 집을 이용해 투자해 보자는 생각이 들었다.

정서와 경제를 동시에 책임지는 부동산 투자

살고 있던 수지가 당시 조정 지역이었고, 부동산 상승장이라 전세금이 이미 분양가를 넘어 과감히 행동할 수 있었다. 다른 지역으로 이사를 감행하는 건 가족들 반대가 엄청 심해 쉽지만은 않았다. 실행했던 방법은 수지 집의 대출 갚는 조건으로 전세를 주고, 송도 집에 다시 같은 금액만큼 대출을 일으켜 이사하는 것이었다. 부동산 정책이 자주 바뀌다 보니 두려워서 매주 KB부동산의 주간 시계열을 확인하며 내가 산 지역이 매주 오르고 있나 확인했다. 송도에 살면서 1공구부터 8공구까지 걸어서 자주 임장을 다니니 아파트 이름까지 외울 정도였다.

송도 매매 이야기는 전작 《50대에 도전해서 부자 되는 법》에 자세히 나와 있다. 집은 두 채가 전부였지만, 여전히 대출 이자가 부담됐다. 또 다른 부자의 꿈을 꾸며 1년 만에 다시 이사를 계획했다. 송도 센트럴 파크 야경을 보며 힐링했던 시간을 뒤로하고 송도 집을 개인이 아닌 회사에 월세를 주고 더 싼 곳에 월세로 들어가기로 했다. 월세 차액이 생겨 마법처럼 매달 돈이 들어온다.

두 번째 내 집을 포기하고 월세로 살면서 부동산 강의를 듣고 임장하며 세 번째 집을 매수하게 됐다. 부동산 공부를 1년 동안 열심히 하고 딸과 반반 투자로 무주택자인 딸 명의로 세 번째 집을 매수했다. 당시 투기 과열 지구였고 저평가된 매물이었다. 트리플 역세권이 되는 인천 연수구는 구축이긴 하지만 부동산 강사님이 말한 저가치보다는 저평가라는 생각이 들었다. 송도역 복합 단지가 생기고, 월판선(월곶-판교선)과 KTX가 2025년 완공 목적으로 삽을 떴기에 망설일 이유가 없었다. 게다가 수인분당선은 이미 개통해 운행 중이었다. 올 수리에 2억 원 중반대 매물로 나왔고 이렇게 세 번째 집을 매수했다.

네 번째 투자인 서울 빌라를 매수한 시기는 부동산 중급 공부를 할 때다. 나의 눈이 깨이면서 투자는 무조건 서울이라는 걸 뒤늦게 깨달았다. 사람이 살 수 있는 땅은 제한적이며 더 이상 지을 땅이 없기 때문에 값이 오를 수밖에 없는 서울에 내 집을 갖겠다고 마음먹었다. 이미 세 채의 다주택자라 포지션을 잘 잡아야 했다.

부동산 정책 규제로 인해 공시가 1억 원 미만의 부동산에 투자해야 한다는 생각에 강북구 수유동에 싼 매물을 찾았다. 가로 주택 정비 구역에 있는 낡은 빌라였다. 제대로 된 가격인 건지 궁금했다. 아파트는 실거래가가 형성돼 있지만, 빌라는 정확한 시세 가격을 모르는 경우가 많다. 이때 매수자와 매도자의 입장으로 살 것처럼, 내지는 팔 것처럼 각각 다른 부동산에 전화해 보면 가격이 나온다. 나는 다르게 나온 가격의 적정선을 찾아 매도자와 협상했다. 30년이 다 된 낡은 빌라이기에 바닥, 새시, 난방, 현관문까지 교체하고 전세를 매수가보다 1,000만 원 높게 계약했다. 비용을 빼고 1,260만 원으로 네 번째 집인 서울 빌라에 투자할 수 있었다.

이렇게 네 채에 투자하니 이제는 매달 돈이 나오는 수익형 부동산이 절실해졌다. 단돈 50만 원이라도 매달 내 통장에 들어오는 월세를 받거나 공간 임대로 수익을 내는 것은 월급쟁이에게 가장 좋은 투자 방식이다. 또한 나는 누구나 꿈꾸는 바닷가 한 달 살기라는 버킷 리스트를 갖고 있었다.

'바닷가 근처에서 한 달 살기를 할 수만 있다면 얼마나 좋을까?'

늘 생각뿐이었다. 그래서 뜨거운 여름에 세컨드 하우스를 구하기 위해 동해 바닷가 근처로 임장을 다녔다. 나만의 공간을 꾸미고 싶었다. 세컨드 하우스를 이용해 임대 수익도 올리고, 우리 가족도 여행을 즐길 수 있으며 쉴 수 있는 공간이 필요했다. 바닷가와 멀지 않은 낡은 13평 아파트에 가치를 담아 숙소를 꾸몄다. 그렇게 매달 100만 원이란 수익을 나에게 안겨 주는 다섯 번째 집을 매수했다. 바닷가 앞에 내 집이 있다는 생각만으로도 매일이 설렌다. 아직 다섯 채 중 한 채도 매도하지 않았다. 나의 노후를 책임져 줄 부동산이란 자산으로 나는 '불리기'를 하는 중이다.

💰 **눈덩이 한 번 더 굴리기** _____

임장이란 현장에 직접 가서 물건을 확인하는 것을 말한다. 임장을 통해 실제 물건의 상태보는 건 부동산 투자에서 꼭 해야 할 일이다.

3

발로 뛰는 공부
현장 조사

부동산 투자의 핵심은 위치다.

- 앤드루 카네기

요즘 홈쇼핑이나 인터넷 쇼핑몰에서 '환불 제도'를 쉽게 만날 수 있다. 한번 사서 써 보고 마음에 들지 않으면 환불하라는 것이다. 일단 내 손에 들어오면 긍정적으로 평가하는 사람들의 심리를 이용한 장사 수단이다. 사람의 이런 심리는 놀랍게도 부동산에도 적용된다. 한 번도 투자해 보지 못한 사람은 사는 동네를 긍정적으로 평가한다. 자기 영토를 벗어나 본 적이 없기에 내가 사는 동네가 최고라고 말하는 식이다.

물론 나 역시 그랬다. 처음으로 정착한 지역에서 아이를 낳고, 노후까지 살아가는 것을 당연하게 여겼다. 하지만 다른 이들의 경험이 녹아 있는 책을 통해 부동산 공부를 시작하면서부터 꿈을 꾸게 됐다. 부동산에 있어 입지가 무엇보다 중요하다는 것도 처음 알았다. 쉽게 거주지를 바꾸지 않는 사람의 특성상 첫 시작을 어디서 하느냐에 따라 훗날 자산에서 차이가 날 수 있다.

입지를 0순위에 두고 투자하라

예산이 한정돼 있을 때는 조금 좁더라도 지역을 우선순위에 둬야 할 정도로 입지는 중요하다.

그렇다면 어느 지역에 투자하면 좋을까? 부동산을 공부하다 보면 '임장'이란 단어가 많이 나온다. 임장이란 직접 현장을 찾아 조사하는 것을 말한다. 임장하면서 매물을 찾는다면 점검해야 할 사항이 있다. 우선 내 집 마련이나 투자로 매물을 볼 때는 실거주할 때의 불편함을 먼저 따져야 한다. 결국 내가 살고 싶은 곳이 세입자도 살고 싶은 곳이 되기 때문이다.

임장 가기 전 우선 가고 싶은 동네를 정해야 한다. 미리 '호갱노노', '아실' 사이트에서 가고자 하는 지역의 매물 가격이 적정한지 노트에 매매 가격과 전셋값을 적고 비교해 본다. 절대 사전 조사에서 멈추면 안 된다. 임장에서만 파악할 수 있는 것들이 분명히 있기 때문이다. 다음은 사전 조사 전에 꼭 점검해 봐야 할 10가지 사항이다.

- 학군(단지 근처에 학교나 학원가가 있는 곳)
- 교통 환경(대중교통이 도보로 5분 내에 있는 곳)
- 상권(마트와 편의 시설이 있는 곳)
- 세대수(나 홀로 아파트가 아닌 500세대 이상인 곳)
- 선호하는 평형(30대 기준 방 세 개, 화장실 두 개인 곳)
- 조망권(자연환경을 접할 수 있는 숲세권)
- 층, 호수(로얄동과 로얄층 찾기)
- 혐오 시설(유흥업소나 공장이 많다면 피하기)
- 주차 시설(주차장이 협소하면 피하기)
- 매매 확인(네이버 부동산에 실거래가 많은 곳)

임장을 가면 내가 파악할 수 있는 것을 점검한 이후 부동산을 방문하는 것이 좋다. 부동산은 거래되는 실제 매매가와 전월세가를 조사하기가 좋을 뿐더러 네이버 부동산에 없는 급매물이 부동산에는 있기 때문이다.

나는 부동산에 나와 있는 물건을 조사할 때 두세 군데 정도 방문한다. 해당 물건이 있는 중개소에 들어가 소장님과 이야기를 나눈다. 이때 빈손보다는 커피 한 잔이라도 사 들고 가면 소장님도 사람인지라 마음속에 감춰 둔 급매 장부를 꺼내는 경우가 많다. 요즘은 부동산 공부하는 사람이 많아 소장님도 임장만 하러 온 사람인지, 실수요자인지 눈치로 안다.

나는 남편과 함께 임장을 하러 가서 아이가 결혼하면 살 집을 보러 왔다고 이야기하곤 했다. 때로는 이런 전략도 필요하다. 초보자라면 긴장될 수도 있지만 뭐든지 처음은 있기 마련이고, 익숙해지기 마련이다. 문 앞에서 망설이지 말고 커피 한 잔 들고 당당하게 들어가자. 부동산 방문 전, 검색이나 책을 통해 충분히 부동산 용어를 알아 두면 대화에 도움이 된다.

임장할 때는 몇 가지 준비물이 필요하다. 적어 놓은 매물 목록 노트, 스마트폰(네이버 지도), 물 한 병과 편한 운동화면 충분하다. 스마트폰의 사진 기능으로는 매물을 촬영하고, 경매같이 물증이 필요할 때는 녹음 기능을 활용한다. 해당 물건의 내부를 봤다면 주변을 살펴야 한다. 이때 단지 주민에게 살기 편한지, 주변에 상권은 무엇이 있는지, 중고등 학군은 어떤지 물어보면 내가 굳이 멀리까지 발품을 팔지 않아도 된다.

땅은 밟아야
돈이 된다

2014년 더운 여름날 수지 지역을 임장하는데 성복역 근처에 모델

하우스가 보였다. 부동산 상승기가 막 시작되던 때였는데 미분양이 됐다고 한다. 두 동짜리에, 112세대로 작았고 대형 평수에 둘러싸인 수지에서 25평인데다가 타입도 여러 종류라는 것이 영향을 미친 듯했다. 그럼에도 관심이 갔던 이유는 5분 거리의 초역세권이었기 때문이다. 게다가 편한 상권도 큰 장점이었다. 그러나 저층밖에 없어 포기하려는데 분양 상담사가 본인이 갖고 있는 보유분이라며 15층짜리 동에 14층 차상 층이 있다며 계약을 유도했다. 타입도 선호하는 A타입이었다.

하지만 당시 분양가가 다소 비쌌다. 투자 전 점검 사항에서도 언급한 피해야 할 500세대 미만이었다. 선호하는 평형대도 아니었다. 그럼에도 나는 역세권과 상권을 믿었다. 주변이 어떻게 변하느냐에 따라 가격이 달라지는 것이 부동산이기 때문이다. 아니나 다를까. 미분양이었던 아파트 앞에 대형 아파트가 생기고 지하철과 연결된 복합 쇼핑몰이 생기면서 살기 좋은 지역으로 바뀌었다. 2억 8,000만 원이었던 분양가는 시세 8억 원으로 상승했다. 그러나 나는 자녀 교육비와 생활비가 필요해 프리미엄을 받고 이미 매도한 상황이었다. 분양가에서 약 세 배가 오르는 걸 목격한 나에게는 아쉬움이 큰 투자였다. 그럼에도 부동산은 주변에 개발 호재를 봐야 한다는 것을 배울 수 있었다.

그 후 나는 매일 물 한 병을 들고 들소처럼 현장에 나갔다. 처음엔 낯설고 힘들었지만, 땅은 밟아야 돈이 된다는 생각으로 돌아다녔다.

경험이 쌓이고 용기가 생기니 보유한 집으로 전월세 레버리지를 이용해 다섯 채까지 늘릴 수 있었다. 나에게 부동산 공부와 투자는 희망이었다. 그 시작이 현장 조사였다. 가난을 탈출하고 싶어 공부했다. 이처럼 공부와 현장 조사를 병행하고 행동으로 옮겨야 결과가 나온다.

이제 임장의 중요성을 알았다면 네이버 지도 앱을 켜고 동네 매물 하나를 골라 당장 운동화를 신고 내가 사는 동네부터 한 바퀴 돌아보자. 그동안 보던 동네가 새롭게 보일 것이다.

내가 사는 동네 부동산부터 시작해 보자. 수지에서 송도로 이사 왔을 때 아는 사람이 매매한 부동산 소장님 한 분뿐이었다. 집 앞 부동산이니 점심을 먹고 나가 소장님과 이야기를 나눌 기회가 많았다. 내가 모르는 송도 및 인천 연수구 지역을 꿰뚫고 계셔서 저평가된 아파트 매물의 장단점을 알려 주시기도 했다. 내가 부동산 강의를 들을 때면 부동산 소장님들도 강의를 듣는다. 경기 남부에서 부동산을 운영하는 소장님은 부동산을 매수할 때의 공부도 중요하지만, 매도할 때 더 많은 공부가 필요하다고 말했다.

대부분 좋은 물건을 싼 가격에 매수하려고 부동산을 공부한다. 국토 교통부 보도 자료만 꼼꼼히 읽어 봐도 세부적인 부동산 정책 공부가 된다. 유튜브나 팟캐스트에서 부동산 하락장이 시작되면 똑똑한 집 한 채만 있으면 된다고 말한다. 한 채만 남겨 두고 모두 매도

하고 있다가 상승이 시작되면 다시 한두 채씩 매수하면 된다고 말이다. 머리로는 아는데 이게 쉽지 않다. 하락이 시작되면 우선 매매가 이뤄지질 않는다. 물론 똘똘한 한 채는 거액의 투자금이 든다. 하지만 실패할 확률은 확연히 낮아진다.

ⓦ 눈덩이 한 번 더 굴리기 _____

국토 교통부 보도 자료를 보기 위해서는 국토 교통부 홈페이지에서 '뉴스 소식'을 클릭 후 '보도 자료'에 들어가 보고 싶은 기사를 다운로드하면 된다.

4

부동산 투자 전
점검해야 하는 것들

돌다리도 두들겨 보고 건너라.

- 속담

　부동산 투자는 큰 금액이 필요한 만큼 소액을 투자하더라도 점검과 계획이 필요하다. 예상 수입과 대출을 갚을 수 있는 나의 상황과 신용 점수까지 고려해야 한다. 가구당 무주택자가 아니라면 갖고 있는 주택 수 보유 현황을 봐야 하고, 대출이 나오는 지역인가도 알아봐야 한다. 나의 대출 한도도 알아보고 포트폴리오를 짜서 매매로 갭 투자를 할 것인지, 단기 임대(한 달 살기)를 할 것인지, 투자한 부동산으로 어떻게 수익을 낼지 등 각각의 장단점이 있으니 투자하기 전에 수익성을 미리 평가해 생각해 봐야 한다.

아파트, 상가, 주택 등 유형에 따라 수익률과 리스크가 다르기에 투자하기 전에 따져야 실패가 없다. 특히 노후된 매물은 관리 비용과 유지 보수 비용까지 파악해 투자하면 리스크를 줄일 수 있다. 부동산은 아파트든 상가든 겉모습만 보고 절대 투자하면 안 된다. 내부의 화려한 인테리어로 잠시 눈을 속여도 첫째도, 둘째도, 셋째도 입지다.

투자하려는 관심 지역의 향후 3년 공급 물량을 확인해야 한다. '부동산지인', '아실', '호갱노노' 세 가지만 있으면 공부가 된다.

'부동산지인'에서는 신규 공급 물량을 확인할 수 있다. 대기 수요가 있고 향후 공급이 적은 곳이 오르는 곳이다. 해당 지역의 미분양 물량도 확인해야 한다. 대부분의 미분양은 분양가가 높게 책정돼 있다. 하락장에다가 미분양이라면 하나둘씩 미분양이 소화된 후 집값이 올라가기도 한다.

'아실'은 '아파트 실거래가'라고 부르는데, 부동산지인과 같이 전국의 입주 물량을 알 수 있고 전월세 물량까지 확인할 수 있다.

'호갱노노'는 개발 호재와 매물 정보가 지역별로 나온다. 관심 지역으로 들어가면 왕관 표시가 나온 매물이 그 지역의 대장 아파트다. 그리고 청약 정보와 분양 중 정보도 나온다. 대장 아파트는 지역에서 매매가가 가장 비싸기도 하지만 매매도 가장 빨리 소진된다.

매수할 때가 아니라
매도할 때를 생각하라

사실 부동산 상승기에는 어디에 투자해도 내가 산 매물이 오른다. 그래서 자칫 이런 중요한 사항을 점검하지 않고 투자하는 경우가 생긴다. 특히 주변 사람들, 비슷한 연봉을 받는 직장 동료가 산 집값이 오른 것을 본 초보자는 마음이 조급해져 풀대출을 받아 상승 꼭대기에서 집을 산다. 이렇게 영혼까지 끌어모아 대출을 받는 것을 줄여 '영끌'이라고 표현한다. 문제는 상승기가 있으면 하락기도 있다는 사실이다. 하락기에 리스크를 견딜 수 있는지 자금 확인이 필요하다. 처음 투자하는 초보일수록 마이너스 통장이나 신용 대출로 투자하는 건 절대 안 된다. 대출이 많은 사람은 하락기를 만나면 버티기가 힘들어 헐값에 급매로 매도하는 경우가 왕왕 생긴다. 결국 집을 사서 손해 보는 형국이 되는 것이다.

내 경우에도 2020년도에 전세를 준 집에서 2년이 안 돼 세입자가 나갔는데, 당시 부동산 상승기라 부동산 전세가도 덩달아 오름세였다. 상승한 전세가 덕에 갭 투자로 세 번째 아파트를 매수할 수 있었다. 하지만 2년이 지난 2023년도에는 부동산이 하락기를 맞아 역전세가 발생했다. 역전세란 전세 시세가 구 전세금보다 낮은 현상을 말한다. 나 역시 5,000만 원의 전세금을 반환해 줘야 했다. 당시에 '역전세의 난'이라고 부를 정도로 주택 가격이 급락하면서 임차인에게 보증금을 돌려주는 것이 어려운 임대인이 많았다. 이런 상황에서는 높은 금리의 대출을 받으면서 지키든가 처분하든가 둘 중 하나다. 특히 영끌로 집을 사서 전세를 준 경우에는 좋은 지역의 집이라도 당장 보증금 반환해 줄 돈이 없다면 처분할 수밖에 없다.

나는 부동산 다섯 채 매수 이후 추가로 부동산을 매입하지 않던 차였다. 부동산 흐름이 하락기라는 것을 경제 기사와 부동산 현장을 통해 봤기 때문이다. 2년이라는 시간 안에 부지런히 종잣돈을 만들어 역전세를 미리 준비한 것이 힘이 됐다. 상승기였다면 새로운 곳에 투자했겠지만, 하락기로 접어드니 갖고 있는 부동산을 지켜야 했다. 부동산 현장 조사로 많은 부동산 소장님을 만나 이런저런 조언을 듣고 나에게 적용할 수 있었다.

안타깝게도 역전세의 바람을 거세게 맞은 이들도 많다. 부동산 가격이 늘 상승하는 것은 아니기 때문이다. 갭 투자를 했다면 부동산을 매입한 시점에서 2년 뒤 만기 시점에 세입자에게 돌려줄 전세금을 어떻게 마련할 것인가의 리스크도 준비해야 내 자산을 지킬 수 있다. 여러 채라면 한 채를 팔아서 마련하거나 투자금을 일부 남겨놓는 방법도 있다. 버는 것도 중요하지만 자산을 지키는 것은 더 중요하다.

부동산 고수들은 하나같이 매수보다 매도가 실력이라고 말한다. 자금만 있으면 쉽게 할 수 있는 매수보다 2년 뒤, 4년 뒤에 어떻게 매도할 것인가 계획을 먼저 세우고 투자하는 것이 바람직하다. 부동산은 동네 마트에서 물건을 고르듯 사는 게 아니다. 큰 자금이 들어

가는 만큼 체크해야 할 사항을 적어 놓고 신중하게 투자한다면 부동산은 분명 크게 부를 쌓는 수단이 된다.

🅦 눈덩이 한 번 더 굴리기

부동산 투자는 작은 돈이 아니다. 단단한 돌다리라도 안전한지, 위험한지 두들겨 보는 지혜가 필요하다. 투자하기 전에 확인하고 또 확인해야 한다.

5

부동산 투자는 더 이상 선택이 아닌 필수다

> 부동산을 사기 위해 기다리지 말고 사고 기다려라.
>
> - 윌 로저스

여유 자금이 있는데도 세금이 많이 나올까 봐 투자를 망설인다는 지인을 보면 안타깝다. 이런 사람들은 돈을 주로 예적금에 넣어 놓고 전세로만 산다. 그러다 보니 무주택 20년에 청약 가점은 70점대가 넘는다. 분당에 거주해 판교에 청약할 자격이 주어졌는데도 분양가가 비싸다며 망설이다가 끝끝내 청약하지 않았다. 당시 그의 자산은 나보다 세 배가 더 많았다. 하지만 4년 후 지인과 달리 부동산에 실패하면서도 투자해 온 내가 자산이 더 많아졌다.

투자금이 있는데도 투자를 못 한다는 건 나만의 기준이 없어서다. 내가 무주택자인지, 1주택자 또는 다주택자인지 각자의 상황이 다르다. 무주택자는 상승기든 하락기든 무조건 실거주할 내 집 마련이 먼저다. 집을 매수하더라도 누구는 실거주할 것이고 누구는 투자와 거주를 분리하겠지만, 우선 내 집 마련은 꼭 하길 바란다.

부동산 실전 투자에는 매매, 갭 투자 매매, 급매, 경매 등이 있다.

- 매매: 부동산을 협의를 통해 구매하는 것, 다른 사람에게 소유권을 양도하는 방식
- 갭 투자: 전세가와 매매가 차이가 적은 주택을 전세를 끼고 매입하는 투자 방식
- 급매: 자금이 필요해 부동산을 싸게 급하게 파는 방식
- 경매: 권리자의 신청에 따라 법원에서 값을 가장 높이 부르는 사람에게 파는 형식
- 분양권 줍줍: 아파트 청약에서 간혹 미분양이 나올 때 남은 잔여 세대를 추첨하는 방식

가장 기본적인 매매

부동산을 실거주로 매매할 때 가장 확실한 방법은 부동산 중개업

소를 통하는 방법이다. 유난히 싸게 나온 물건이 중개업소가 아닌 전단으로 붙어 있거나 직방에 나온 거라면 의심부터 해야 한다. 사기일 가능성이 있다. 소유자의 신분을 확인해야 하며 직접 대면으로 만나서 매수자와 매도자가 중개인을 두고 계약하는 것이 바람직하다. 법적 분쟁이 있는 물건은 피하는 게 좋다.

부동산 계약 시 초보자가 하는 실수는 계약 당시 중개 수수료를 미리 주는 것이다. 잔금 지급 일자에 세입자가 나간 후 집 상태를 보고 문제가 생긴 경우 매수자에게 수리 비용을 청구도 할 수 있다. 중개 수수료는 모든 일이 마무리될 때 지급하면 된다. 매매하기 위해 집 상태를 점검할 때 꼭 확인해야 할 것은 소음이다. 해당 주택의 외부 소음과 층간 소음도 확인해야 한다. 소음은 살다 보면 크게 스트레스로 다가온다. 또한 개수대에 물이 잘 나오는지, 변기 물이 잘 내려가는지도 꼭 확인해야 하는 사항이다. 노후화된 곳은 특히 꼼꼼한 확인이 필요하다.

시세 차익을 이용하는
갭 투자

갭 투자는 전세를 끼고 매수하는 방법으로 매매가와 전세가의 차액만 있으면 내 집을 살 수 있다. 갭이 작을수록 투자금이 적게 들어가기에 여러 채를 매수하는 투자자도 있다. 예를 들어 집값이 4억 원이고 전셋값은 3억 5,000만 원이라면 5,000만 원으로 내 집이 생기는 것이다. 단, 전세 세입자를 승계하는 조건이기에 만기 시 전세금을 돌려줘야 할 의무가 있다. 상승기라면 시세 차익이 생겨 자산이 늘어나지만 하락기에는 역전세가 날 수도 있다. 물론 리스크를 준비한다면 문제될 건 없다. 상승기 때 받은 전세금을 조금 보유하거나, 급할 때를 대비해 마이너스 통장을 미리 사용하지 않는 것이 좋다.

자본금이 부족해 리모델링을 할 수 없기에 가능한 처음부터 깨끗한 집을 매매하면 좋다. 전월세를 찾는 세입자는 리모델링이 된 집을 선호하기 때문에 깨끗한 집일수록 세입자를 구하기가 수월하다.

좋은 기회를 잡는 급매

급매는 사전에서 찾아보면 "물품을 급히 팖"이라고 쓰여 있다. 급하게 판다는 것은 매수자로서는 좋은 기회다. 주로 하락장에서 급매를 볼 수 있다. 사정이 급한 매도자가 시세보다 1,000만 원에서 3,000만 원까지 싸게 파는 경우도 흔하다. 매도자가 경매로 넘기기 전 급매로 파는 경우도 있다. 급매를 찾기 위해서는 해당 지역의 부동산 소장님과 친밀한 관계를 쌓아야 한다. 사고 싶은 지역의 소장님께 가끔 안부 전화를 걸거나 커피 쿠폰을 한 번씩 보내 주면 급매가 있을 경우 먼저 연락을 주는 경우가 많다.

급매 기회가 나에게도 왔었다. 내가 전세를 계약한 곳의 집 앞 부동산 소장님께 지나갈 때마다 인사를 드렸더니 하루는 나를 부르셨다. 30평대 아파트가 당시 시세보다 3,000만 원 낮게 나왔다는 것이다. 어르신 혼자 거주하던 집이었는데, 당장 아기를 돌봐 주러 딸과 합가해야 한다는 이유였다. 갓 나온 급매 물건이었다. 당시 시세가 1억 8,000만 원이었던 집이라 3,000만 원은 엄청난 차이였고 덕분에 낮은 가격으로 좋은 물건을 매매할 수 있었다.

생소하지만 기대 이상의
경매

돈을 빌린 사람인 채무자가 은행이나 개인인 채권자에게 돈을 갚지 못하면 채무자의 부동산을 법원이 제3자에게 팔아서 받을 수 있게 해 주는 절차를 말한다. 경매가 대중화되면서 일반인들도 쉽게 참여할 수 있게 됐다. 사람들에게 경매는 저렴하다고 인식되지만, 상승장에서는 경매 낙찰 가율이 높아 일반 매매보다 더 비싸게 사는 경우도 있으므로 주의해야 한다.

무료로 물건을 검색할 수 있는 부동산 경매 정보는 '한국법원경매정보' 사이트에서 확인할 수 있다. 물건 정보와 경매 일정, 감정 평가액, 현황 정보까지 알 수 있다. 더 많은 정보는 유료 사이트에서만 가능하다. '굿옥션', '지지옥션'이나 '탱크옥션' 등을 활용하면 무료 사이트에서 확인할 수 없는 정보를 많이 확인할 수 있다.

일반 매매에서 볼 수 없는 권리 분석이나 입찰, 낙찰, 대항력, 명도 등 경매 용어는 생소하기에 경매를 배우기 전에 미리 책으로 용어를 알아 두면 수월하다. 초보자가 경매를 두려워하는 이유는 권리가 복잡하고 어려운 물건이 많기 때문이다. 초보자는 권리가 쉬운 것부터 하면 된다. 어려운 물건은 고수의 영역이다.

새로 떠오르는 분양권 줍줍

'줍줍'이라는 용어는 아파트 무순위 청약을 일컫는 부동산 업계의 신조어다. 아파트 공급 세대가 모두 청약 완료가 되더라도 계약하지 않은 잔여 세대와 부적격으로 탈락한 세대로 인한 잔여 물량을 19세 이상 남녀에게 별도 순위를 두지 않고 추첨하는 방식이다.

분양가가 높은 경우 미분양이 생기는데 내가 투자한 수지 아파트처럼 미분양이더라도 훗날 크게 오름세로 변하기도 한다. 분양권 줍줍에서 미분양과 미계약은 다르다. 아파트 입주자 공고 이후 공고된 모집 세대를 2순위까지 모집했는데 청약 수가 공고 모집 세대 수를 넘지 않으면 미분양이다. 미분양을 계약하면 주택 수에 포함되지 않고, 등기 후부터 주택 수에 포함된다. 공고된 모집 세대의 청약 경쟁률이 1:1이 넘고 주택 동 호수가 배정된 이후 부적격자가 나오거나 계약 포기 사유로 남은 물량이 미계약이다. 미계약분을 계약하면 주택 수로 간주 돼 청약 가점에서 무주택 기간이 소멸한다.

　미분양인지, 미계약인지는 '한국부동산원 청약홈'의 경쟁률을 통해 확인할 수 있다. 미분양 아파트가 궁금하다면 '네이버페이 부동산'에서 '분양' 탭에 들어가 '분양 단계'에서 '미분양'을 선택하고 지도에서 지역별로 알아본다. 아니면 네이버 검색창에 '서울 미분양 아파트', '부산 미분양 아파트' 등 지역 이름을 쓰고 검색하면 미분양 아파트 이름이 나온다.

　좋은 투자는 투자금을 적게 들여 수익률이 높게 돈을 버는 것이다. 부자들의 대부분이 부동산 투자로 부를 이뤘다. 나도 다섯 채의 부동산 투자로 자산이 늘어났기에 부동산 실전 투자는 필수라고 말하고 싶다.

W 눈덩이 한 번 더 굴리기 _____

더 많은 돈을 벌고 불리는 방법은 부동산이나 사업 소득이 빠르다. 하지만 수입을 증대시키기 위해서는 나 자신에게 투자하는 공부가 선행돼야 한다.

6

부동산 실전 투자 사례 1: 매매 투자

부동산은 불멸의 자산으로 계속 가치가 상승한다.

- 러셀 세이지

부동산 공부를 함께하는 동료를 보면 잘될 수밖에 없는 '돈 버는 유형'이 있다. 그들은 빠르게 결단하고 행동하는 실천력이 돋보인다. 일단 시작하면 가끔은 실수도 하지만 그만큼 경험치가 쌓인다고 믿는다. 부동산에 투자하기 전 이미 종잣돈을 모으기 위해 피나는 노력을 하면서 자신감이 높아져 있기 때문이다. 물론 부동산 공부와 종잣돈 모으기는 동시에 이뤄져야 한다. 그들은 그렇게 어느 정도 목표한 바를 이루고 실전 투자를 통해 경험을 쌓아 나간다.

저평가 매물에서
가치를 찾는 갭투자

부동산 중급반에서 공부할 때 당시 상대적으로 투자금이 적은 지방 소도시 투자가 인기 많았다. 나는 지방 투자에 크게 실패한 적이 있기에 수도권을 집중적으로 투자하려고 강의를 수강했다.

연수구에 투자할 당시에는 저평가로 지목돼 어딜 가도 부동산에 매수자로 가득했다. 곧 트리플 역세권이 될 송도역 주변은 1997년도에 지어진 낡은 아파트가 많지만 항아리 상권이라 살기 좋아 보였다. 대장 아파트를 기준으로 일주일 전 매매 가격과 오늘 매매 가격이 달랐다. 송도역에 가까울수록 재개발할 구역이 여러 곳이다. 역과 가까운 아파트의 세대수는 200세대 남짓이다. 가격도 2,000만 원이상 비싸게 형성됐다. 대장 아파트 옆 단지에 같은 평수는 대장 아파트와 5,000만 원 이상 차이가 났다. 게다가 좋은 동 호수는 남아 있지도 않았다. 대장 아파트 옆 올수리가 된 매물이 하나 나왔는데 전세금이 낮아 갭이 큰 물건이었다.

인천은 입주 물량이 많은 곳이지만, 송도역은 복합 단지가 예정돼 있었고, 월판선 급행 정차역과 송도역 KTX, 수인 분당선까지 운행되고 있었기에 내 기준에는 적합해 보였다. 25평 기준 2억 원대 중반으로 전세금이 1억 3,000만 원이었다. 투자로서는 갭이 크지만, 계약 갱신 청구권을 이미 쓴 세입자였기에 조금만 더 살면 내보낼 수 있는 조건의 집이었다. 딸과 반반 공동 투자로 이미 2주택자인 나 대신 딸 명의로 매수했다. 자녀에게 증여 신고를 하고 추가되는 자금은 차용증을 쓰면 문제가 되지 않는다.

나는 갭 투자할 때 꼭 대장 아파트를 매수하지 않았다. 대장 아파트가 오를 때 옆 단지도 같이 오르기에 옆 단지에 급매가 있다면 매수해도 된다는 게 나의 투자 기준이다. 그런데도 이곳에 투자한 이유는 5억 원, 10억 원이 있어야 투자하는 세상에 2억 원대 중반에 투자할 수 있고, 곧 천지개벽할 트리플 역세권에 복합 단지까지 들어선다면 모두가 선호하는 동네로 바뀔 수 있겠다는 기대감이 컸기 때문이다. 갭이 크기에 소액 투자자는 접근이 어려웠을 것이다. 내 경우 반반 투자였기에 부담이 덜 됐고, 역전세 상황에서도 워낙 저렴한 전세가라 오히려 3,000만 원 상승분을 받아 자녀와 나눴다.

저가치, 저평가된 아파트에 투자해야 한다는 말을 수없이 들었을 것이다. 저평가란 아파트가 동네 가치 대비해 저렴한 것을 말한다. 나는 이처럼 투자한 곳이 갭은 크지만, 저평가된 곳이라 투자한 것이다. 계속해서 강조하지만 부동산의 가치는 무조건 입지다. 하락장에서는 입지 좋은 아파트가 저평가되기도 한다.

아파트가 버겁다면
빌라가 답이다

나는 서울에 임장을 갈 때마다 '서울에 내 집 하나 있었으면' 하는 마음이 컸다. 수지-송도-수지로 1년 안에 두 번 이사하는 방법으로 자산을 재배치했다. 몸 테크로 월세살이하며 자본을 재배치해 놨는데, 사실 서울 투자는 나에게 어려운 현실이었다. 그렇다고 포기하고 싶지는 않았다. 적어도 꿈은 꿀 수 있지 않은가? 그래서 '서울에 투자하기'를 목표로 잡았다. 부동산 카페에서 서울에 대한 정보를 습득했고, 다른 사람의 경험담을 통해서 투자는 아파트가 전부는 아니라는 걸 알았다.

그래서 서울의 낡은 빌라에 투자해 보기로 했다. 가진 돈이 적었기에 공시가 1억 원 미만의 매물을 알아봤다. 빌라 투자 시 신축을 분양받는 건 신중해야 한다. 아파트 투자와 다르기에 빌라는 사는 순간부터 시세가 오르지 않을 수도 있다. 임차 수요는 있어도 매수 수요가 많지 않은 것이 빌라다. 내가 투자하려고 알아본 빌라는 가로 주택 정비 구역에 있는 낡은 빌라였다. 거실은 없지만, 방 세 개에 앞뒤로 베란다가 있어 나쁘지 않았다. 서울 4호선 라인과 환승되는 경전철이 500미터 근거리에 있는 역세권으로 위치도 좋았다.

문제는 가격이었다. 아파트처럼 공시 지가가 있는 것이 아니기에 더욱 신중해야 했다. '내가 매수하려고 하는 빌라 가격이 과연 적정한가?' 하는 고민을 갖고 매수자의 관점에서 빌라의 가격을 물어보고, 남편이 매도자의 관점에서 다시 한번 빌라의 가격을 물어봤더니 다른 답변이 돌아왔다. 매수 금액이 매도 금액보다 1,000만 원 더 높게 책정됐다. 적정선으로 합의해 매수, 매도의 중간 가격으로 손해 보지 않고 투자할 수 있었다.

11평 빌라를 1억 2,500만 원에 매수하면서 올수리를 해 놓고 전세 세입자를 기다렸다. 새시, 바닥, 난방 배관 공사까지 세입자가 불편하지 않게 수리해 놓으니 수리 도중 매수 가격보다 1,000만 원이 높은 가격으로 전세 계약이 이뤄졌다. 순 투자 비용 1,200만 원대의 적은 비용으로 서울 빌라에 투자할 수 있었다.

'아실' 사이트에 재개발 지역을 쉽게 확인할 수 있는 유용한 기능이 있다. 바로 '개발 구역 확인하기'다. 지도를 클릭하면 '재재'(재개발, 재건축의 줄임말)라는 아이콘을 누르고 '보이기/숨기기'를 누르면 빠르게 정보를 알 수 있다. 재개발은 오래 걸리는 시간 싸움이기에 투자금을 많이 쏟아서도 안 된다. 재개발 안에 속해 있는 빌라 투자의 핵심은 향후 입주권이 나오느냐 나오지 않느냐에 따라 투자 가치가 달라진다.

투자 시 조심해야 할 사항은 재개발 지역이라고 해서 무조건 다 조합원이 되지 않는다는 사실이다. 조합원 자격을 얻지 못하고 현금 청산으로 받을 수도 있다. 재개발 관리 처분 인가 이후에 집을 매매한 경우에는 조합원 자격이 주어지지 않아 현금 청산으로 받아야 한다. 동일 구역에 여러 채 집이 있는 경우에도 입주권은 한 개며 나머지는 현금 청산을 받는다.

두 개의 투자 사례에서 투자금이 많이 들어간 연수구 아파트는 역전세 시장에서도 살아남았다. 2년이 지난 시점에 역전세임에도 오히려 보증금 3,000만 원을 더 올려 받을 수 있었다. 서울 빌라는 세입자가 계약 상태 그대로 재계약 청구 갱신권을 썼다. 두 개의 부동산 투자로 크게 번 건 아니지만, 이런 방법으로도 투자할 수 있다는 걸 알려 주고 싶었다.

보증금 3,000만 원을 올려 받은 것으로는 또 다른 투자 대상을 찾아 공부 중이다.

ⓔⓦ 눈덩이 한 번 더 굴리기 _____

모든 길은 서울로 통한다. 그동안 서울은 비싸다는 이유로 공부하지 않았다. 반드시 대한민국의 핵심인 서울 지역 공부가 먼저다. 돈이 없다고 미뤄서는 안 된다.

7

부동산 실전 투자 사례 2: 경매 투자

부동산 소유자는 일하지 않고
잠만 자면 부자가 된다.

– 존 스튜어트 밀

경매를 처음 접한 건 5년 전 지역에서 주민에게 운영하는 평생 학습관에서였다. 교재와 함께 경매 사이트에 들어가서 실제 매물을 비교하며 듣는 수업이었다. 재미있었지만, 경매 용어가 어려웠다. 토지 경매를 배우는데 '이건 고수의 영역이다' 싶어 아파트나 빌라로 경매 공부를 시작하는 것이 좋겠다고 판단했다.

두 번째로 경매를 배운 곳은 젊은 부부가 운영하는 블로그를 통한 스터디 모임이었다. 그들이 처음 경매로 받은 물건은 성북구 장위동에 있는 6평 원룸이었다고 한다. 투자금이 부족했으니 셀프 인테리어를 할 수밖에 없었다. 원룸에 벽지를 뜯고 이케아에서 조명과 페인트와 타일을 고르고 좁은 공간이다 보니 화이트로 컨셉을 잡았다. 주방의 싱크대 문도 화이트로 입히고, 주방 타일과 발코니 타일을 바꾸는 작업까지 직접 했다고 한다. 퇴근 후에 작업을 하니 인테리어 기간이 3주나 걸렸지만, 비용은 150만 원이면 충분했다. 그 덕에 부부는 적은 투자금으로도 당당히 월세를 받는다.

그들은 여기서 그치지 않고 경매를 통해 내 집 마련을 하기로 했다. 더욱 꼼꼼한 원칙을 세웠다. 역세권, 앞이 트인 베란다, 2억 원 미만, 서울 내 1시간 거리였다. 특히 베란다 조건은 아파트와 달리 외국에서 볼 수 있는 천장이 트인 베란다라고 하니 친구들에게 이기적이라는 소리를 들었단다. 이 조건에 맞는 집은 서울 시내에 없다고 했다. 부동산 소장님도 2억 원 미만의 집은 없다며 핀잔을 줬다. 하지만 그들은 주위의 빈축에도 틈만 나면 네 가지 조건에 맞는 물건을 경매로 찾기 시작했다. 부부는 그렇게 동작구 상도동에 2014년도에 신축한 빌라를 찾아냈다.

빌라에는 주방 겸 거실, 방 두 개에 앞뒤 베란다가 있었다. 앞 베란다만 7.3평이나 됐다. 감정가는 2억 200만 원이었고, 한 번 유찰이 돼 1억 6,160만 원이었다. 세입자가 보증금을 빼 주지 않아 경매로 넘어온 물건이었다. 등기부 등본상 실평수가 13평이며 동네를 임장한 결과 지하철역이 도보로 7분 거리로 가깝고, 주변에 시장이 있어 살기 좋은 동네였다. 게다가 베란다도 원했던 것처럼 크고 넓어 마음에 들었다. 그들은 바로 주변 부동산에서 시세를 파악했다. 경매야 비싸게 적으면 바로 낙찰되겠지만, 싸게 사는 목적으로 경매에 입찰하는 거니 주변 시세를 고려해 1억 8,000만 원대로 적어 최종 낙찰이 됐다. 그토록 원하던 베란다에 어닝을 설치하고 밤마다 서울의 야경을 볼 수 있는 공간에 집을 마련한 부부는 경매로 싸게 사는 공부법을 익혀 돈을 버는 중이다.

소액으로
인생을 바꾸는 경매

나는 그들에게 작은 돈으로 빌라와 원룸에 투자하는 방법을 배웠다. 역시 시작은 공부가 먼저였다. 물건 찾는 법에서부터 경매의 가장 기본인 권리 분석부터 작성해 보았다. 쉬운 물건부터 시작하자는 마음으로 서울 지역을 임장 다니며 경매에 대한 지식을 넓혀 갔다.

경매는 내가 가진 돈 안에서 물건을 검색해야 한다. 꾸준한 검색이 필요하다. 권리 분석이 복잡한 물건만 손대지 않는다면 어려울 것이 없다. 우선 마음에 드는 물건을 찾았어도 현장에 가서 시세 조사를 반드시 해야 한다. 채무자가 관리비를 내지 않거나 하는 경우 추가 비용이 들기도 한다. 조사가 끝났다면 입찰하러 법원에 방문한다. 적정 입찰가를 정하고 신분증, 인감도장, 입찰 보증금(1장 수표)과 볼펜을 준비한다. 패찰을 했다면 다음 기회를 노리고 낙찰받았다면 잔금을 30일~45일 내로 완납해야 한다.

이제 경매에서 많이들 두려워하는 명도가 남았다. 명도의 뜻은 '토지나 건물의 권리를 타인에게 넘기는 것으로 기존에 살던 세입자나 채무자를 내보내는 것'을 말한다. 이들이 새롭게 이사 나가야 할 곳을 구하지 못해 버티거나 무리한 요구를 하기도 한다. 사실 낙찰자가 이사 비용을 줄 의무는 없다. 하지만 세입자로서 돈을 다 받지 못하고 나가야 한다면 좋게 나갈 리가 없다. 그러기에 조금의 이사비용을 주고 빠르게 명도 처리하는 게 낫다.

채무자가 내부에 인테리어를 했을 경우 시설 투자비를 요구하는 예도 있다. 이 또한 낙찰자가 해 줄 의무는 없다. 집을 비우지 않고 갑자기 연락 두절하는 채무자도 있다. 이럴 때는 강제 집행이 가장 빠른 방법이다. 경매를 중점적으로 하다 보면 정말 다양한 인간 군상을 만난다고 한다. 갈 곳이 없어 막무가내로 버티는 어르신들도 종종 있다. 갖은 노력을 해도 소통이 안 된다면 안타깝지만, 법의 힘을 빌릴 수밖에 없다.

명도가 잘 끝났다면 새로운 세입자를 위한 수리가 필요하다. 최소한으로 깔끔하게 수리해 놓고 최대한 빨리 세입자를 구하는 것이 좋으니 시세보다 조금 낮게 세를 놓는 것도 방법이다. 또 시세 차익으로 수리 후 세입자를 들이지 않고 매도하는 방법도 있다.

경매를 한번 배워 놓으면 정년퇴직이 없어진다. 서민이 소액으로 인생을 바꾸는 방법의 하나인 경매는 평생 돈을 벌 수 있는 좋은 수단이다.

（w） 눈덩이 한 번 더 굴리기 _____

내 인생에 부동산 로드 맵을 그려 보자. 무엇부터 공부해야 할지 그림이 그려질 것이다. 부동산 경매는 가장 마지막에 도전해 보는 것이 좋다.

8

부동산 실전 투자 사례 3: 분양권 투자

이 세상에 보장된 것은 아무것도 없으며
오직 기회만 있을 뿐이다.
- 더글러스 맥아더

2016년은 부동산이 막 오름세로 돌아서고 있는 때였다. 당시 수지에 분양하는 단지가 몇 개 있었는데. 인기 있는 단지라 견본 주택을 보러 가려면 줄을 서야 했다. 추운 날씨에도 줄은 바깥까지 늘어서 있었지만, '자이' 아파트라는 브랜드가 주는 고급스러움에 추운 줄도 모르고 견본 주택을 구경했다. 따뜻한 커피와 이벤트 행사로 갈 때마다 주는 경품에 눈이 멀어 가족과 여러 번 갈 정도였다.

그래서인지 25평대에 분양가가 4억 5,000만 원으로 비싸게 나왔음에도 청약을 넣었다. 결과는 서향에 5층 당첨이었다. 고민 끝에 포기하고 1년 전 분양한 아파트 분양권을 사기로 했다. 마찬가지로 '자이'였고, 30평대를 5억 원대에 분양한 1,500세대 대단지였다. 1년이 지난 후라 견본 주택은 볼 수가 없었고 부동산 소장님이 보여 주는 분양 책자 정보만으로만 매수해야 했다. 앞 동과 뒷 동의 프리미엄 차이는 2,000만 원대로 당시 돈이 부족했기에 고민이 됐다. 더군다나 분양가가 같던 수지 성복역 역세권 프리미엄은 평균 5,000만 원이었다. 내가 본 집은 프리미엄이 900만 원이다. 앞 동은 2,500만 원이며 뷰가 산이라 사계절 예쁠 것 같았다. 하지만 그 가격이라면 나는 대출을 반 이상 받아야 하는 상황이었다. 결국 뒷 동 24층으로 정하고 매수했다. 그렇게 분양권 투자로 내 집이 생겼다. 이 집은 내게 씨앗 자금이 돼 11억 원까지 올랐다. 최근 하락세에 집값이 조금 내려갔지만, 그럼에도 든든한 나의 자산이 돼 다섯 채를 만들 수 있는 초기 자금이 돼 줬다.

분양권은 아파트가 완공되기 전에 아파트를 사고 팔 수 있는 권리를 말한다. 분양권뿐 아니라 투자의 본질은 싸게 사서 비싸게 매도하는 것이다. 하락장에서 상승장으로 올라갈 때가 투자하기 좋다. 하락장에서는 수요가 없기에 좋은 분양권을 싸게 사기도 한다. 분양하는 분양가가 인근 시세보다 낮은 경우 높은 웃돈이 붙는다. 분양권일 때는 마이너스 프리미엄이었다가 입주 후 오른 김포 한강 신도시 반도 유보라는 입주 후 1억 원 이상 오른 단지다.

나는 분양권과 인연이 깊다. 2000년대 초부터 지금까지 수지 분양권으로만 자산이 늘었다. 수지 지역이 허허벌판일 때 분양권을 두 개 사서 두 배가 됐다. 과거 성복역의 초역세권인 아파트가 1억 8,000만 원에 분양을 시작했을 때 지인은 세 개, 나는 두 개의 분양권을 프리미엄 200만 원을 주고 매입했다. 투자 후 나는 돈이 필요해 매도했지만, 그녀는 아직 하나도 팔지 않았다. 주식이든 부동산이든 그녀만의 투자 원칙이 있다. 매수한 부동산은 급하지 않으면 절대 매도하지 않는다. 그녀는 부동산은 돈이 필요할 때 팔거나 더 좋은 곳으로 갈아탈 때만 매도한다는 원칙을 갖고 있다. 조급한 마음 대신 좋은 부동산과 주식을 모은다는 원칙을 갖고 있는 그녀는 100억 원 대 자산가가 됐다.

미계약분이라는
히든 카드를 찾아라

2006년 판교에 한창 분양할 때 한 곳만 25평 미계약분이 생겼다. 이런 정보가 빠른 지인 B 덕에 새벽부터 줄서기 위해 분당에 있는 주택 전시관에 방문했다. 당시 판교에 대한 로망이 가득한 사람이 많다 보니 줄이 바깥까지 서 있을 정도였다. 많은 사람이 방문했기에 선착순도 아니고 뽑기를 했다. 미계약분은 주로 1~3층이었다. 결과는 B는 꽝, 나는 2층이 당첨됐다. 바로 계약금을 내야 했다. 돈이 부족한 나에게 지인은 이건 계약해야 한다며 모자란 계약금을 빌려줬다. 당시 판교는 전매가 금지였다. 지금까지 갖고 있었다면 나는 자산이 크게 늘었을 것이다. 부동산 흐름을 몰랐기에 등기 후 매도했다. 부동산 공부만 돼 있었어도 매도하지 않고 다른 방법을 택했을 것이다.

L은 개인 사업자로 남편과 둘이 인테리어 매장을 운영한다. 그녀는 돈이 생길 때마다 부동산을 하나씩 사 모은다. 견본 주택에 가서 미분양 아파트를 발견하면 현장 조사와 함께 지역을 꼼꼼히 분석한다. 괜찮다고 판단되면 분양사에 동, 호수 좋은 것을 달라고 요구한다. 견본 주택에 남아 있는 건 저층이나 선호하지 않는 동, 호수뿐이기 때문이다. 분양사 측에서는 당연히 없다고 하지만 그녀는 회사 보유분을 갖고 있을 거라며 당당하게 말한다.

한번은 따라가서 그녀가 하는 방법을 유심히 봤다. 끝까지 웃으며 설득하니 분양사가 갖고 있던 최고 좋은 물건을 프리미엄을 100만 원 받고 넘겨줬다. 견본 주택에서 좋은 물건을 찾는 그녀만의 방법이다. 당첨되기 쉽지 않은 동, 호수를 그녀는 분양하는 아파트를 입에 침이 마르도록 칭찬하며 자기 것으로 만들었다. 이렇게 부동산을 분양권으로만 접근하는 그녀의 재산도 50억 원이 넘는다. 이미 아이들의 새 아파트 분양권도 마련해 놓은 능력 있는 엄마다. 인테리어 매장을 운영하니 새 아파트라도 맘에 들지 않으면 벽지나 시트지를 바르고 다른 집보다 눈에 띄게 꾸며 매도를 쉽게 하는 것도 그녀만의 능력이다.

그 당시 김포 한강 신도시 아파트 대부분이 미분양이었다. 일시적으로 떨어져도 후에 지역적으로 오르는 단지가 많다. 부동산은 금리와 연결돼 있어 금리가 조금이라도 인하한다면 시장이 회복되기도 한다. 좋은 지역에서 분양하면 당첨자 발표 후 바로 웃돈이 붙는다. 예로 든 사례처럼 본인만의 기준을 갖고 투자한다면 절대 실패하지 않을 것이다.

ⓦ 눈덩이 한 번 더 굴리기

부자는 경제 신문을 보고, 빈자는 누워서 TV를 본다. 부동산 시장이 하락기일수록 공부를 게을리해서는 안 된다. 지금이 기회일 수 있다.

500만 원으로 강남에 사무실 얻기

첫 책을 출간한 후 나에 대해 궁금해하거나 직접 만남을 원하는 분들이 많아졌다. 지금껏 운영하는 무인 카페를 그런 분들과의 만남의 장소로 사용하고 있었다. 하지만 전국에서 찾아오신 분들이 여러 번 환승해야 하는 불편함이 있었다. 그래서 접근성이 좋은 서울에 사무실이 있으면 좋겠다는 생각을 늘 하고 있었다. 소호 사무실이라도 얻을까 고민하면서 임장을 다녔다.

사는 지역이 경기 남부라 출퇴근 거리 1시간 이상은 제외하고 1시간 내 거리로만 상가를 보러 다녔다. 서울은 공유 오피스라도 임대료가 50만 원 이상이었다. 나는 만남이 많은 관계로 여럿이 쓰는 공간보다 단독으로 쓰는 공간이 필요했다. 깨끗한 공간은 임대료가 비쌌고, 임대료가 저렴하면 거리가 멀었다.

하루는 서울 교대역 근처로 독서 모임을 갔다. 모임이 끝난 후 옆자리에 앉아 있던 A는 강남역 근처에 오피스텔을 월세 50만 원에 얻었다고 이야기했다. 월세 금액을 듣고 우리는 잘못 들은 줄 알았다. 강남역 주변 시세는 120만 원 이하는 없었다. 그녀는 강남으로 임장을 다니며 지금의 오피스텔 자리를 몇 달을 기다려서야 얻을 수 있었다고 했다. 나는 그녀에게 연락처를 받고 부동산 소장님에게 사무실 자리 나오면 알아봐 달라고 부탁했다. 월세가 잘 나오지 않아 대기자만 5명이 넘는다는 소장님의 말에 돌아와 포기하고 있었다. 그러나 10일 뒤에 소장님이 17평 오피스텔 자리가 나왔다며 연락을 주셨다. 보증금 500만 원에 월세가 55만 원이었다.

'잘 나오지 않는 자리인데 왜 내게 기회가 왔지?'

의아해하며 한걸음에 달려가 계약하고 5일 만에 잔금을 치렀다. 부동산 소장님은 나와 연배가 비슷했다. 이야기도 잘 통했고, 자기계발에도 관심을 보이셨다. 건물이 오래됐지만 조명이 밝았고, 벽지와 바닥이 깨끗했다. 단, 싱크대는 새로 설치해야 했는데 맘씨 좋은 임대인을 만나 가격의 반값을 지원받기로 했다.

300만 원 예산 안에서 사무실 가구와 강의안을 띄울 TV, 책장 등을 어떻게 하면 저렴하게 살 수 있을지 고민을 시작했다. 단순 변심으로 반품된 가구를 살지, 당근에서 중고로 구입을 할지 고민하다 반품된 가구를 구매했다. 커뮤니티 멤버 L이 '꿈꾸는 부자여행' 사업자 간판을 아크릴로 멋지게 만들어 왔다.

'꿈을 돈으로 만드는 4060 아카데미'

이곳은 부자를 꿈꾸게 해 줄 공간이 될 것이다. 강의할 수 있는 탁자와 의자를 구입하며 사무실이 하나씩 채워졌다. 그런데 냉난방기를 설치하려 하니 문제가 생겼다. 35년이나 된 건물이라 실외기를 설치할 수 없었다. 중앙난방만 가능했기에 월세가 저렴했던 것이었다. 하지만 요즘은 냉난방기를 실외기 없이도 설치할 수 있었기에 추가로 구매해 주말 강의 시간에 사용했다. 그리고도 예산이 남았다. 250만 원으로 흔한 인테리어 없이 강의장을 꾸몄다. 근사함보다는 실용적으로 꾸민 꿈부여 아지트가 생겼고 앞으로는 이곳에서 꿈을 꾸는 이들과 함께할 것이다.

6
단계

수익을 넘어
새로운 가치를
창출하라

5억 원 이상의 현금 흐름 만들기

1

무자본 창업도
사업이다

사람은 감정으로 물건을 사고 논리로 정당화한다.

- 드루 에릭 휘트먼

노동력에 의존하는 수입에는 한계가 있지만, 사업에는 수입의 한계가 없다. 그중에서도 자신의 지식을 판매하는 지식 창업은 리스크없이도 확장성이 크다. 물론 초반에는 시간과 노력을 들여야 한다. 어쩌면 월급을 받을 때보다 더 많은 노동력이 필요할 수도 있다. 하지만 창업하기 위해 큰 자본이 필요하지 않으니 혹시 망하더라도 큰 타격이 없다. 게다가 탄탄하게 기본을 다진 이후에는 흔히 말하는 '자는 동안에도 돈을 버는 시스템'이 가능하다.

나 역시 지식 창업의 수혜를 누린 사람이기에 자신 있게 말할 수 있다. 25년간 미술 학원 원장으로, 3년간 찜질방 매점 이모로 나의 노동력을 제공한 대가로만 돈을 벌던 사람이었다. 하지만 4년 전부터 각종 온라인 프로그램 운영, 책 출간, 강연 등으로 지식 창업의 확장성을 직접 경험하고 있기에 더욱 추천한다.

무자본 창업도 전략이 필요하다

무자본 창업은 아주 적은 비용을 투자해 이윤을 극대화하는 데 목적이 있다. 사업적 관점에서 본다면 아이템 개발, 플랫폼 선정, 고객의 니즈 파악, 마케팅 활동 등을 아우르는 전략이 필요하다.

첫째, 무자본 창업의 시작은 아이템 개발이다.

아이템이 없다면 지금부터라도 만들어서 시작하면 된다. 최신 트렌드 또는 자신이 잘하는 일, 좋아하는 일을 찾아 공부해서 만들 수 있다. 꼭 혼자서 만들 필요도 없다. 조합을 결성해 함께 만들면 더 좋은 아이디어가 나올 것이다.

둘째, 아이템을 개발했다면 어디에 제공할지 결정해야 한다.

인플루언서는 온라인 카페나 자신의 SNS에서 판매한다. 대형 포털 사이트에 내 아이템이 상위에 노출될 수 있는 시스템을 만드는 데 주력해야 한다. 아이템 상위 노출은 잠재 고객이 유입할 수 있는 통로다. 나의 닉네임, 브랜딩 작업 시작도 이때 같이 시작해야 한다. 브랜딩이란 제품 또는 서비스에 대한 사람들의 인식에 영향을 주는 것이다. 무자본 창업은 제품이 아닌 지식이나 서비스로 경쟁한다. 따라서 품목이 아니라 브랜드와 서비스로 기억된다는 점을 명심해야 한다. 특히 지식 서비스업의 경우에는 일반적인 아이템을 파는 것보다 '신뢰'가 바탕이 돼야 한다.

플랫폼을 통해 끊임없이 자신을 노출하면서 내가 누구인지, 어떤 일을 하는 사람인지 알리는 것이 무엇보다 중요하다. 고객의 눈에 띄기 위해서는 자신의 닉네임, 회사명, 프로젝트 이름 등 네이밍을 단순화하고 임팩트 있게 정해서 고객에게 각인시켜야 한다.

셋째, 플랫폼 선정 다음은 고객의 니즈 파악이다.

지식을 누구에게 판매할 것인가는 아주 중요한 문제다. 내가 잘하고 좋아하는 것 중 소비자가 필요로 하는 걸 찾아 조사하고 해결 방법을 알려 주는 역할을 내 콘텐츠로 만들면 된다.

나는 자기 계발을 시작하면서 우리 가정 경제의 문제점을 파악했고, 식비 절약을 최우선의 목표로 삼았다. 요리가 어렵지 않은 나에게는 쉬운 일이었지만, 생각보다 많은 사람이 의욕만큼 절약하지 못한다는 사실을 알게 됐다. 그들에게 식비 절약에 관한 강의를 하며 파일로 가계부를 공유한 것이 '꿈꾸는 서 여사'의 시작이었다.

최근에는 나의 닉네임을 건 '닥돈 가계부'를 직접 제작했다. 기존에 파일로 공유했을 때 출력하기 어려웠던 불편함을 해소하고, 수기로 적고 싶어 하는 니즈는 그대로 유지했다. 다른 가계부와 다른 점이 있다면 나의 브랜드와 정체성을 살려 절약에 초점을 맞춰 가계부를 제작했다는 것이다. 덕분에 고객들은 절약뿐 아니라 눈으로 보고 손으로 직접 적으며 피드백하고, 커뮤니티에서 같은 가계부를 쓰는 사람들과의 교감과 소통을 통해 절약이라는 외로운 길을 혼자 걷지 않다는 느낌을 받는다. 이 모든 것이 식비 절약을 어려워하고, 꾸준히 하지 못한다는 고객들의 니즈를 파악했기 때문에 가능한 일이다.

넷째, 아이템이 아무리 좋아도 마케팅 능력이 없다면 판매되지 않는다.

기업에서 마케팅에 큰돈을 쏟아붓는다는 건 광고의 홍수 속에서 살아남기 위함이다. 미국 애틀랜타에 있는 세계적인 마케팅 전략 전문 기업인 '리스앤리스' 회장 알 리스에 따르면 사람들은 하루에 약 5,000개의 광고를 접한다고 한다. 게다가 지금은 광고 채널도 다양해졌다. 10년 전만 해도 TV 광고나 잡지, 신문 등을 통한 마케팅은 파급력이 컸다. 하지만 지금은 다르다. 지금의 소비자들은 1인 방송인 유튜브나 인플루언서들이 알려 주는 후기나 그들의 말 한마디로 결제할 확률이 높다.

따라서 초보자도 다양한 마케팅 채널을 가져야 한다. 무자본 창업의 마케팅 채널은 우리가 사용하는 SNS다. 고객의 심리와 행동을 이용해 먼저 우리 아이템을 인지시키고, 후킹한 제목이나 영상으로 호기심을 자극해 고객의 반응을 끌어낸다. 그다음 구매욕을 자극해 소비로 이어지게 만든다.

그 과정에서 사람의 심리를 이용한 다양한 전략이 사용된다. 홈쇼핑에서 자주 사용하는 '마감 임박' 전략이 그중 하나다. 나는 '닥돈 가계부'를 판매할 때 3일로 기간에 한정을 둔다. 그리고 매일 블로그에 가계부 판매 글을 올린다. 마감 하루 전에는 '내일까지 판매'라고 작성하는 등 고객이 시간이 촉박하다고 느낄 만한 멘트를 사용한다. 특히 우체국으로 택배를 부치러 가는 날에는 가계부 사진과 함께 잘 배송하겠다며 블로그에 글을 쓴다. 그러면 망설이던 사람의 뇌에 구매 전환 버튼이 생겨 바로 구매로 이어진다. 택배를 부치는 날에는 아예 10개 정도 여유분을 가져가서 바로 보내기도 한다.

그렇다면 물건이 아닌 콘텐츠 비즈니스나 강의에는 어떤 도구가 필요할까? 작게 시작하는데 준비물이 거창할 필요는 없다. 노트북과 조명, 마이크만 있으면 된다. 다이소에서 5,000원짜리 조명을 판매한다. 세 가지 색으로 조명이 나오는데, '줌'에서 내 얼굴을 환하게 밝혀 준다. '줌' 사용에 필요한 마이크는 초보 유튜버가 사용하는 가성비 좋은 9,900원짜리 마이크다. 녹음 기능도 있다. 콘텐츠는 장비가 중요하다는 말도 있지만, 장비만 가득하고 성공하지 못하는 사람도 부지기수다.

사업은 결코 쉬운 일이 아니다. 직장에 다닐 때보다 훨씬 많은 시간과 노력을 쏟아붓겠다는 각오로 임해야 한다. 회사에서 시키는 일만 하던 때와는 다른 차원의 넓고도 깊은 공부가 필요하기도 하다.

사업은 성격이 아닌 인격으로 해야 한다고 수없이 들었다. 창업은 사업의 시작이라는 마인드로 고객이 알고 싶은 것이 무엇인지를 끊임없이 연구하면 된다. 하고자 하는 지식 창업에서 끝까지 버티려면 자신의 브랜드를 반드시 가져야 한다. 자신의 브랜드가 없는 사업은 다른 이에게 뺏길 수도 있다. 저작권이나 상표권에도 등록해야 하기 때문에 브랜드는 나의 가치를 인정받는 것이라고 할 수 있다.

무엇이든 그 시작은 작기 마련이다. 당신의 지식을 기반으로 하는 무자본 창업이 그 시작점이 될 것이다. 작은 그릇으로 시작해 큰 그릇으로 옮기며 최고가 되는 것에 집중해 보자. 하지만 무엇이든 한 번에 최고의 자리에 올라갈 수는 없다는 것을 명심해야 한다.

[W] 눈덩이 한 번 더 굴리기 _____

해야겠다고 마음먹은 것만 실행해도 인생이 달라진다. 작은 것부터 과감히 시도하는 게 좋다. 도전을 두려워하는 이유는 시작조차 하지 않기 때문이다.

2

장사가 아니라
사업을 하라

문이 하나 닫히면 다른 문이 열린다.

- 헬렌 켈러

　30대 중반인 B는 처음 나와 만났을 때 개인적으로 가장 힘든 시기를 보내고 있었다. 그는 10년 가까이 하던 시각 디자인 일을 그만두고 처음으로 자신의 사업을 시작했다. 각종 조리 자격증을 땄고, 야심차게 반찬 가게 사업을 했다. 매일 새벽 4시 반에 일어나서 장을 보고, 반찬을 만들고, 가게를 홍보하며 정말 최선을 다했다. 그런데 2년 6개월 만에 망하고 말았다. 사업하며 진 빚 1억 원만 남았다.

　나를 만났을 때가 딱 폐업 신고를 하던 때였다. 폐업에 관한 소상

공인 지원이나 혜택을 알아보다가 우연히 인터넷에서 '꿈꾸는 서 여사'를 알게 됐다고 한다. 요즘 젊은 사람들은 중장년층에게 '꼰대'라는 꼬리표를 달고 이야기를 들으려 하지 않는데, B는 자기보다 훨씬 나이가 많은 사람들의 경험에서 배울 점이 많다는 걸 아는 사람이었다. 그것만으로도 그는 이미 성공의 DNA를 갖춘 사람이었다.

그는 개인적으로 오랫동안 공부한 부동산과 관련해서 자기만의 색깔이 있는 임장 프로그램을 운영하는 것이 꿈이라고 한다. 그래서 여러 부동산 커뮤니티에서 3년간 부동산 강좌를 들으며 큰 비용을 지불했다. 하지만 그저 돈만 지불한 것은 아니다. 매일 힘겹게 살면서도 공부를 게을리하지 않았다. 반찬 가게를 하면서도 시간만 나면 부동산 매물을 임장하고 지역을 공부하며 때를 기다렸다고 한다.

물론 당장은 1억 원의 빚이 있을 뿐이었다. 게다가 그는 두 아이의 아빠였다. 어떻게든 돈을 벌어야 할 판에 지식 창업가를 꿈꾼다는 것은 욕심이었다. 하지만 아내는 남편에게 공부할 시간을 줬다. 직장에 들어가는 건 언제라도 할 수 있으니 딱 1년이란 시간 동안은 원하는 공부를 실컷 하면서 다른 길을 찾도록 기회를 준 것이다.

그는 꾸준히 해 왔던 부동산 공부 덕분에 부동산 초보자의 마음을 누구보다 잘 안다는 것을 강점으로 내세우기로 했다. 그렇게 오로지 부동산 초보자만을 위한 임장 프로그램을 만들어 강사가 됐다. 매일 한 팀씩 스터디 카페에서 함께 지역 분석을 하고 오후에는 임장하며 수강생에게 지식을 전달해 주고 있다. 수강생들에게 과제를 내 주며 자신만의 데이터를 쌓을 수 있도록 도움을 준다. 그가 일주일에 다섯 팀을 강의하며 콘텐츠로 버는 월 수익은 500만 원이 넘는다. 새벽에 일어나서 일하던 반찬 가게에서 버는 순수익보다 많다. 앞으로 수강생은 계속 늘어날 테니 그의 수입에는 한계가 없는 셈이다.

돈을 크게 벌려면 장사가 아닌 사업을 하라고 한다. B가 폐업한 장사는 요식업이라 혼자서는 할 수 없는 일이다. 일하던 직원을 내보내려면 퇴직금까지 지급해야 하기에 함부로 폐업할 수조차 없다. 몸이 아파도 나가야 하고 쉬는 날도 없다. 가게에 매여 있어야 하니 시간도 없고, 장사가 잘된다고 해도 몸이 축나기 일쑤다. 게다가 장사에는 비수기가 있기 마련이다.

내가 젊은 시절 오랫동안 운영했던 미술 학원도 말이 사업이지 내가 돈을 벌어야 하는 장사였다. 하지만 그마저도 결국 폐업해야 하는 상황이 왔다. 돈이 필요하기에 일은 해야 했지만, 받아 주는 곳이 없어 찜질방 매점 이모로 일하면서 얼마나 많은 주눅이 들었는지 모른다.

위기는 기회가 되고
실패는 노하우가 된다

《사장학개론》의 저자 김승호 회장은 장사는 이익을 위해 물건을 사서 파는 행위고, 사업은 지속해서 경영하는 것이라고 말했다. 덧

붙여 사장의 업무 능력이 직원보다 뛰어나면 장사고, 직원들이 사장보다 뛰어나면 사업이라고 말한다. 사장이 혼자서 모든 일을 다 처리할 수는 없다. 사장을 대신할 인재를 키워 각 분야에서 그들의 능력을 알아보고 발휘할 수 있도록 발판을 만들어 주는 게 사업가다.

나도 사업이란 걸 해 보고 싶었다. '내 나이가 어때서'라는 말이 있지만 50대 중반에 사업을 시작한다는 건 내게도 큰 모험이었다. 자기 계발 커뮤니티에 가입하고, 유튜브나 블로그를 통해 습득할 수 있는 정보는 모조리 싹 내 것으로 만들었다. 창업 멘토링 경영 수업을 들으며 이제 그동안 배운 지식을 활용할 수 있을 거라는 확신이 들었다. 더 이상 실업 급여가 들어오지 않게 되는 날을 디데이로 정하고 무자본 창업 콘텐츠인 '뚝딱 식비 절약'을 블로그를 통해 개업했다. 내 사업을 시작한 것이다.

그렇게 맨땅에 헤딩하듯 시작한 무자본 창업은 어느새 27기까지 이어졌다. 그 사이 나는 작가가 됐고, 강사가 됐다. 여윳돈이 생겨 소자본 창업으로 무인 카페를 열었고, 한 달 살기 공간 임대도 운영한다. 이 모든 것은 자본이 들지 않는, 그저 나의 배움을 콘텐츠로 바꾼 무자본 창업에서 시작됐다.

나는 위기가 기회가 된다는 말을 믿지 않았다. 그렇지만 실제 나와 B를 비롯해 내가 만나 본 많은 사람이 그랬다. 이제 와 생각하니 위기는 정말로 기회였다. 만약 나에게 그런 위기가 닥치지 않았다면 나는 사업은 생각도 못하고, 여전히 미술 학원에 매여 있었을지도 모른다. 앉으면 눕고 싶은 것이 사람의 심리라고, 누구나 안주하고 싶은 본능이 있기 마련이다.

"젊어서 고생은 사서도 한다"라는 말이 있다. 그만큼 젊은 날의 고생은 사서도 할 정도로 가치가 있다는 뜻이다. 좋은 경험이기에 달게 여기라고도 한다. 그래서 나는 20~30대에 개인 사업자가 돼 보는 것도 나쁘지 않다고 본다.

요즘은 젊은 사람들이 스몰 비즈니스, 스타트업에 많이 도전한다. 스몰 비즈니스는 우리가 알고 있는 영역에서 하는 사업이다. 예를 들면 앞서 말했듯이 B처럼 반찬 가게 프랜차이즈를 한다든가 온라인 쇼핑몰에서 옷을 판매하는 것이다. 우리나라 중소기업도 스몰 비즈니스에 해당한다. 스몰 비즈니스는 경쟁자들이 있는 시장에서 독특한 마케팅을 해야 살아남는다. 반면, 스타트업은 알 수 없는 영역에서 하는 사업이라 비즈니스 모델을 찾는 일부터 시작한다. 스몰 비즈니스와는 엄연히 다르다. 신생 기업이라고 할 수 있는 스타트업은 사업 성장에 초점을 두기에 젊은 나이라면 도전해 볼 만하다.

혹여 실패하더라도 경험치가 쌓이는 것이다. 실패를 반복하면서 하나의 노하우가 더 늘어난다.

⟪w⟫ 눈덩이 한 번 더 굴리기 _____

창업 정보는 점포 거래소인 '점포라인' 홈페이지에 창업 법령, 창업 뉴스 등 자세히 나와 있다. 창업을 하기 전 무자본으로 할 수 있는 일을 먼저 찾는 걸 추천한다.

3

돈 되는 취미가
최고의 사업이 된다

위대한 일을 할 수 있는 유일한 방법은
자신이 하는 일을 사랑하는 것이다.
- 스티브 잡스

A가 나를 찾아온 건 2023년 한여름이었다. 음식 만드는 걸 좋아하는 그녀는 나에게 직접 만든 빵을 선물했다. 밀가루가 아닌 코코넛가루로 만들었고, 설탕이 들어가지 않아서 먹으면 살이 빠지는 빵이라고 했다. 자신도 이 빵을 먹고 15kg을 감량했다고 하는 그녀의 말투에는 자신감이 가득했다. 나는 그녀에게 빵으로 자신만의 콘텐츠를 만들어 보라고 했고, 그녀는 나의 이야기가 끝나자마자 블로그에

키토 다이어트에 관한 이야기를 연재하기 시작했다.

나이 50이 넘으면 우리 몸의 대사를 당대사에서 지방 대사로 바꿔야 몸의 기능이 퇴화하는 걸 막을 수 있다고 한다. 그녀는 탄수화물을 의식적으로 먹지 말라며 저탄고지 식단(저탄수화물, 고지방 식단)의 중요성을 알려 줬다. 저탄고지 식사 가이드는 처음 3일은 탄수화물 금지하고 그 후 2주는 적응기로, 음식은 시간을 두고 천천히 세끼를 다 먹어야 한다. 이 시기에 먹으면 좋은 음식은 견과류, 아보카도, 카카오 등 마그네슘이나 칼륨이 풍부한 식물성 음식이다.

매일 블로그에 키토 다이어트에 기록을 남긴 그녀는 운동하지 않아도, 배부르게 먹어도 체지방이 빠지는 '키토 다이어트 챌린지'를 론칭했다. A의 꾸준한 기록을 믿고 참여하는 사람들이 많아졌고, 그녀는 여기에서 자신감을 얻어 또 다른 도전을 했다. 빵을 만들어 판매한 것이다. 그동안은 취미로 만들었던 빵이 사업이 됐다. 남들이 '빵은 살찌는 것'이라고 인식할 때 그녀는 밀가루와 쌀가루가 아닌 코코넛 가루를 사용하고, 무설탕으로도 담백한 맛이 나게 하려고 빵을 수없이 만들었다. 먹어도 살 빠지는 빵 덕분에 다이어터들이 조금 더 행복하게 건강을 챙기는 모습이 A에게도 행복이 됐다.

열심히 뛰는 그녀를 보니 사업은 자본이 아니라 열정으로 만들어진다는 걸 알 수 있었다. 모임에서 만난 그녀는 환한 미소를 지으며 강남에 사무실을 얻어 본격적으로 크게 사업을 한다는 소식을 알렸다. 취미로 하던 베이킹이 특기가 됐고, 남다른 사업 아이템이 됐다.

꾸준한 노력은
도약의 발판이 된다

국악 단원으로 일하는 40대인 B는 취미 부자다. 한번 뭔가를 배우기 시작하면 10년이나 하는 꾸준함을 갖고 있다. 그중 하나가 캘리그라피다. 오랜 세월 취미로 하다 보니 한국 캘리그라피 협회 단원이기도 하다. 취미라고는 하지만 10년을 배우고, 행했으니 그녀의 캘리그라피는 보면 누구나 감탄할 정도다. 물 흐르듯 쓰는 글씨를 보고 있으면 '나도 저렇게 쓰고 싶다'는 생각이 절로 든다. 이런 그녀에게 나는 캘리그라피를 배우고 싶어 하는 초보자에게 가르쳐 보라고 제안했다. 하루 특강을 열었고, 첫 신청자가 40명이 넘었다. 취미로 그쳤던 캘리그라피를 통해 성공적으로 강사로 데뷔했다. 오랫동안 준비해 왔기에 시작할 수 있었다.

B는 캘리그라피 다이어리를 만들고 싶다고 했다. 처음에는 한 달짜리 다이어리를 제작해 왔다. 나는 한 달이 아닌, 더 오래 쓸 수 있는 다이어리가 좋겠다고 말해 줬다. 수년간 다이어리를 쓴 그녀는 소비자 입장에서 그동안 불편했던 점과 '이런 다이어리가 있었으면 좋겠다' 하는 소비자의 니즈를 더해 자신의 닉네임을 건 다이어리를 제작했다. 제작한 만년 다이어리는 반응이 좋았다. 쓰는 사람이 많아져 스마트스토어에서 판매를 시작했다. 네이버 검색창에 그녀의 다이어리를 검색하면 바로 나올 정도로 판매량이 좋다. 한 번의 도전으로 자신감을 얻은 후 매일 필사하는 사람들을 위해 필사 노트를

제작했다. 더 나아가 가르치는 수강생들과 캘리그라피로 컵을 제작하고, 가방을 만들어 판매했다. 함께 전시회도 할 정도로 수강생들의 실력이 좋다. 취미였던 캘리그라피로 인해 그녀는 점점 사업가로 변신해 가고 있다. 그녀만의 브랜드가 생긴 것이다.

즐기며 하는 일에는 한계가 없다

C는 IT 회사에 근무하는데, 개인적으로 디자인을 좋아해 회사에서 디자인 업무를 맡기도 한다. 블로그 썸네일이나 PPT 작성을 어려워하던 나에게도 도움을 많이 준 사람이다. 운영하는 커뮤니티에서 초보자들을 대상으로 '미리캔버스'를 활용해 썸네일 만드는 강의를 하기도 했다. 전문가가 아닌 덕에 오히려 초보의 입장을 잘 헤아릴 수 있기 때문에 소위 말하는 가려운 곳을 긁어 주는 강의였다. 덕분에 많은 사람이 블로그를 예쁘게 꾸밀 수 있었고, 강의안을 만들수 있게 됐다.

그녀는 바쁜 회사 업무를 하는 일정에도 디자인에 대한 배움을 계속해 나갔다. 전공자가 아닌데도 그녀가 만드는 디자인 솜씨에 나는 매번 놀라움을 금치 못한다. 단지 디자인하는 일이 좋아서 시작한 일이었고, 좋아서 하던 일인데 이제 왕초보자를 가르쳐 부수입을 벌기도 한다. 여기에서 그치지 않고, 그녀는 제2의 직업으로 상세 페이지 디자이너를 꿈꾼다. 새로운 꿈이 생긴 만큼 오늘도 밤잠을 줄여 가며 디자인을 연습한다. 온전히 취미로 즐겼던 일이 직업이 되는 그야말로 '덕업일치'의 주인공이 될 것으로 기대한다.

《취미로 직업을 삼다》의 저자이자 번역가로 활동한 김욱 작가는 1930년생이다. 국문학을 전공하고 작가를 꿈꿨지만 6.25전쟁을 겪고 나서 기자가 됐다. 이후 일흔을 앞두고 보증을 잘못 서는 바람에 전 재산을 날렸다. 그는 이 절박한 상황을 벗어날 방법으로 인생의 취미였던 번역을 떠올렸다. 일흔의 나이에도 매일 아침 도서관에 가서 숱한 책을 읽고 공부하며 번역가로 일했다. 그렇게 시작해서 200권이 넘는 책을 번역했다고 하니 참으로 귀감이 될 수밖에 없다.

여러분도 지금 취미로 즐기며 무언가를 하고 있다면 그것이 훗날 직업이 될 수 있다. 돈 되는 취미가 따로 있는 것이 아니다. 무엇이 됐든 취미로 시작해 3년 이상 해 왔다면 사업으로 충분히 해 볼 만한 가치가 있다. 지금 당장 생각의 틀을 깨길 바란다.

㏒ 눈덩이 한 번 더 굴리기 _____

열심히 사는 게 중요한 게 아니라 어떻게 사느냐가 더 중요하다. '물감을 아끼면 그림을 그릴 수 없듯 꿈을 아끼면 성공할 수 없다.'

4

세금을 알아야
망하지 않는다

소득세를 내는 것보다 더 마음이 아픈 유일한 것은
소득세를 내지 않아도 된다는 것이다.
- 토머스 듀어

사업을 시작하면 종합 소득세가 나온다. 세금을 공부하지 않은 채 나는 겁 없이 법인 회사를 차렸다. 법인은 보이지는 않지만, 법적 효력을 가진 인격체다. 또 하나의 친구라고 보면 된다. 개인이 아니기에 법에 따라 권리가 부여돼 있다. 교육 법인 사업자 등록을 하고 야심차게 시작했다. 그러나 매달 내는 세금에 놀라 세금을 공부하며 운영했다. 세무사가 매달 내야 하는 세금을 미리 알려 줬기에 밀리지 않고 낼 수 있었다. 처음부터 매출이 크지 않았기 때문에 '개인 사업자로 시작할걸' 하는 후회가 컸다. 그러다가 나중에서야 법인으로 사업하기 전에 개인 사업자로 먼저 사업을 운영해야 한다는 사실을 알았다. 그러니 사업하기 전 사업자가 납부해야 할 세금을 세무사를 통해 완벽히 알아본 후 사업자를 등록하는 것이 좋다.

종합 소득세를 내는 개인 사업자

앞서 언급했듯이 사업자는 개인 사업자와 법인 사업자로 나뉜다.

개인 사업자는 업종에 따라 임대차 계약이나 영업 신고증 등 일정한 자격 요건과 함께 사업자 등록증을 받아 사업을 할 수 있다. 개인 사업자는 과세 유형으로 구분된다. 일반 과세자(일반 사업자), 면세 사업자, 간이 과세자(간이 사업자)가 있다. 세금의 종류와 시기는 사업자 유형에 따라 다르지만, 개인 사업자와 법인 사업자가 공통으로 내야 할 세금은 부가 가치세다. 개인 사업자는 1년에 두 번, 법인 사업자는 1년에 네 번 실적이 없더라도 반드시 부가 가치세를 신고해야 한다. 이때 간이 사업자는 1년 동안 발생한 매출을 다음 해 1월에 한 번만 신고해도 되는 장점이 있다.

근로 소득자들이 연말 정산을 하듯 개인 사업자는 5월에 종합 소득세를 신고해야 한다. 세금을 정해진 기간에 내지 않으면 과태료와

가산세가 부과되고 사업자의 신용이 떨어진다. 원천 징수세도 징수가 발생한 다음 달 10일까지 내면 된다. 원천징수는 사업자가 소득이나 수입 급여를 지급하는 개인, 법인 사업자가 세금 부담자의 세금을 미리 떼어서 사업자가 대신 내주는 제도다. 근로 소득을 받는 사람들도 원천 징수를 회사에서 떼어 간다. 많이 내면 연말 정산에서 환급받기도 한다.

　나는 교육 법인 사업자로 등록하기 전에 무인 카페 사업을 간이 과세자로 냈다. 개인이 사업을 시작하면 처음엔 매출이 미미하므로 간이 과세자로 신청하는 것이 유리하다. 간이 과세자의 연 매출액이 4,800만 원에 미달한다면 일반 과세자보다 세금이 적어진다. 다만, 연 매출이 4,800만 원이 넘어 매출이 많아지면 일반 과세자로 전환된다고 관할 세무서에서 통지서가 온다. 통지서를 받은 후부터는 일반 과세자로서의 납세 의무를 지켜야 한다.

　간이 과세자와 일반 과세자로 구분은 연간 8,000만 원의 매출 차이다. 간이 과세자는 연 매출이 8,000만 원 이하이며 부가세 신고를 연 1회만 하면 된다. 간이 과세자는 영세 사업자를 위해 마련됐기에 과세 체계가 다르다. 공제 세액이 많아도 환급을 받을 수 없어 세금 계산서가 발행이 안 된다. 일반 과세자는 세금 계산서를 발행할 의무가 있으나 간이 과세자는 발행할 의무가 없다. 나는 무인 카페의 매출이 대형 카페만큼의 매출이 아니기 때문에 간이 과세자가 유리했다.

프리랜서나 개인 사업자로 사업을 시작한다면 사업자 등록 신청은 의무 절차다. 본인이 직접 세무서에 방문 신청하거나 홈택스 홈페이지에서 간편하게 신청할 수 있다.

법인세를 내는
법인 사업자

다음은 법인 사업자다. 법인은 관할 등기소에 설립 등기를 해야 법인격을 갖춘다. 설립 등기 완료 후 법인 사업자 등록증을 만들 수 있다. 사업 주체는 기업이므로 법인의 소득은 기업 자체의 소득이다. 법인은 주식회사로 운영되기에 최소 2명이 있어야 설립할 수 있다. 또한 사업장 소재지가 있어야 하므로 비상주 사무실이나 집 주소를 사업장 주소지로 사용하는 경우가 많다. 이때 과밀 억제 권역에 회사를 주소를 설정하면 세 배가 높은 세금을 내야 하니 주의해야 한다. 사업 목적은 10개 정도 정하면 좋다. 자본금은 소규모 1인 법인은 100만 원부터 설정한다. 법인명은 관할 내에서 겹치지 않게 정해야 한다.

법인으로 운영 시 양도세가 아닌 법인세를 낸다. 법인으로 부동산을 취득할 시 비용을 계상하기가 쉽다. 복비나 인테리어비, 인건비, 식대, 차량 유류비 등 법인으로 비용 처리가 된다. 이때 절세한다고 비용 처리를 목적으로 고가의 차량을 쓰거나 과다한 소비를 한다면 그것이 바로 망하는 지름길이다. 법인에 이익 잉여금으로 꺼내지 않고 놔두면 세금이 부과되지 않는다. 미래의 자산이라고 보면 된다.

개인 사업자는 종합 소득세를 내고 법인 사업자 법인세를 낸다. 종합 소득세는 세율이 최고 45%다. 반면 법인세는 최고 25%이기에 법인 사업자 낮은 세율을 적용받고 있다. 세금 혜택과 투자 유치, 자금 조달 용이 등 법인 사업자만의 장점으로 법인 사업자에 관한 관심이 높아지고 있다.

Ⓦ 눈덩이 한 번 더 굴리기 _____

세금에 대한 정보는 '국세청 홈택스'에서 확인할 수 있고, 세금에 대한 뉴스는 '조세일보' 홈페이지를 참고하면 된다.

(5)

<u>나는 사업가 DNA를</u>
<u>타고났다</u>

몇 번 넘어진 것이 중요한 것이 아니라
당신이 몇 번 일어섰느냐가 더 중요하다.

- 에이브러햄 링컨

    내가 첫 사업자를 낸 건 미술 학원을 운영할 때였다. 2년간 미술 학원 교사로 근무하고 20대부터 작은 미술 학원을 차려 25년간 교육 사업을 했다. 대형 학원은 아니지만 함께하는 직원이 있었고, 임대료를 냈다. 젊은 나이에 원장이 되니 불편함이 생겼다. 나이 많은 교사와 충돌이 잦았고, 직원 관리가 어려웠다. 원장의 나이가 어리다 보니 매사 가르치려 하는 직원 때문에 골머리를 썩인 적이 많다. 내

보낼 것인지, 함께 갈 것인지 결정해야 했다. 결국 관인 학원에서 교습소로 혼자 운영하는 체제로 바뀌었다. 사업이 축소되니 벌어들이는 소득 또한 작아졌다.

지금으로 말하면 1인 사업가다. 기존 학원을 인수한 것이 아니기에 아파트를 돌아다니며 전단을 붙이고 지나가는 아이에게 사탕을 주며 홍보를 시작했다. 얼마 후 2명이 등록했다. 미술 학원은 주로 초등학교 저학년이 많이 다닌다. 갓 초등학교에 입학한 아이의 공부 실력은 바로 나타나지 않는다. 그러나 그림 실력은 두 달만 수강해도 나타난다. 등록한 2명이 상을 탈 수 있도록 학교 미술 대회에 전심전력을 다했다. 상을 탄 2명의 입소문에 의해 미술 학원 정원이 넘칠 정도로 많아졌다. 무릇 잘되는 곳에는 경쟁자가 생기기 마련이다. 나는 경쟁자에게 학원 인수를 권했고, 권리금을 높게 받으며 매도했다. 당장 소득이 끊겼지만 1년 치 소득을 권리금으로 챙겼다. 그 후 아이가 어려서 집에서 공부방 형식으로 미술을 가르치고, 또다시 학원을 운영하며 25년이란 세월을 교육 사업에 매진했다.

지금도 교육 사업을 하고 있다. 커뮤니티와 온라인 교육 프로그램으로 '꿈꾸는 부자여행' 카페를 운영하고 있다. 오프라인에서 온라인으로, 아동에서 어른으로 대상이 바뀐 것뿐이다. 나는 25년 동안의 경험으로 상담을 할 수 있었고, 강의를 할 수 있었다. 내가 책을 출간한 후에 찾아오는 많은 사람의 고민은 '노후 걱정 없는 삶'이다. 나는 1인 기업을 운영하며 힘겹게 사는 이들의 손을 잡았다. 내가 만든 '부자 매뉴얼'에는 중장년층이 많다. 프로그램에 애착이 커서인지 혼자서도 열심히 키웠다. 좋은 사람을 많이 만나며 빠르게 성장한 만큼 사업 크기도 빠르게 성장해 갔다. 어느새 남편 월급의 세 배가 넘어가며 혼자서 할 수 있는 규모를 넘어섰다. 그렇게 1인 기업에서 법인 기업으로 더 큰 꿈을 꾸게 됐다.

혼자 힘으로는 일의 능력이 부족한 나는 법인 등기부터 설립했다. 나를 대신할 인재는 우리 커뮤니티에 많았다. 카페 상세 페이지 만들기나 엑셀을 어려워하는 나를 대신할 인재들과 함께 새롭게 도전했다. 하루하루가 도전이었다. 혼자 했다면 두려웠을 텐데 함께 일하는 멤버들이 있어 무서움이 사라졌다.

그래도 막상 부딪힌 현실은 만만치 않았다. 온라인 교육 사업이다 보니 주변에 경쟁 상대가 많았다. 게다가 법인 회사를 처음 운영하니 세금에 관해 모르는 것투성이였다. 매출에 비해 세금을 많이 내니 대표인 내 월급을 못 가져가는 일도 종종 생겼다. 그래서 세금을 공부해 보니 내 경우는 법인으로 운영할 게 아니라 개인 사업자로 먼저 운영했어야 했다. 사업가에게 문제 없는 사업이란 없다. 당시 상황으로서는 법인 사업자를 접어야 했다. 함께하는 운영진조차도 나에게 접으라고 조언했다. 사장이 내려놓기를 두려워하면 주위 사람들은 더 두려워한다. 나는 공포를 또 다른 기회로 삼았다. 법인 사업자를 폐업하고, 훗날을 위해 등기는 놔뒀다.

실패의 두려움을
성공의 발판으로 삼아라

법인 대표 이사가 됐을 때 누군가는 나에게 성공한 인생이라고 말했다. 그렇다면 법인 사업자를 내려놓으면 망한 인생일까? 그렇지 않다. 나는 무자본으로 시작한 온라인 교육 사업이라 부채가 없었다. 내가 사업을 실패한 원인을 아는 데는 오래 걸리지 않았다. 누구에게나 좋은 사람이 되려고 했기 때문이었다. 때로는 냉정하고 단호함이 필요한데, 당당하게 자신감만 갖고 시작했다. 사업에서 좋은 사람은 최악의 사장일 수 있다. 거절을 못 하는 이유도 한몫했다. 부탁을 들어줘도 뒤에서 비아냥거리거나 비웃는 경우가 있다. 김승호 회장은 사업에서 양보는 파산이라고 말한다. 하지만 나는 그동안 많이 양보하며 사업을 했다. 나는 실패를 통해 거절하는 기술을 배웠다.

실패의 원인을 발판 삼아 나만의 스타일로 하나씩 무기를 장착하고 이제 다시 1인 기업가가 됐다. 혼자 다시 시작하지만, '꿈꾸는 부자여행' 카페 회원 수가 10만 명이 넘는 큰 꿈을 꾼다. 꿈을 위해 내 커뮤니티의 젊은 멤버가 도움을 주며 카카오톡 메신저의 '꿈꾸는 부자여행' 채널을 새롭게 만들어 카페로 연결되는 세팅을 했다. 카페 이름과 같은 사업자가 필요해 개인 사업자를 만들었다. 메인 사진이나 '꿈꾸는 부자여행' 로고가 박힌 카카오 채널을 인스타그램으로 홍보하며 카페 인원 3만 명 만들기를 목표로 온라인 사업을 다시 시작했다. 유료로 코칭하던 시스템을 무료로 전향하면서 다시 사업이 활성화됐다.

그렇게 여러 경험을 통해서 4년 전 위기를 기회로 삼았듯이 공포도 기회가 될 수 있다는 걸 알았다. 지금은 개인 사업자로 오프라인 강의장을 만들어 커뮤니티 멤버들을 직접 만난다. 법인 사업자일 때보다 벌어들이는 수입이 늘었다. 다시 예전에 벌어들이던 수입으로 월 1,000만 원을 달성했다. 물론 여러 곳에서 나오는 파이프라인과 합쳐진 금액이다.

나에게는 저지르는 유전자가 있다. 성공한 이들은 사업을 한 번 이상 망해 본 사람들이다. 그들이 공통적으로 하는 이야기 중 하나가 '지금 폭삭 망한다고 해도 다시 성공할 수 있을 것이다'라는 말이다. 그때는 이해하지 못했던 이야기지만 또 다른 새로운 길을 개척해 가는 내 모습에서 그들의 말을 본다. 아마 나의 DNA는 원래부터 사업가였나 보다.

Ⓦ **눈덩이 한 번 더 굴리기** _____

세상에 가치 없는 경험은 없다. 어떤 삶을 살았든지 시작은 지금부터다. 경험을 갖고 영역을 하나씩 넓혀 가면 되는 것이다.

6

사장이 됐다면
유일한 브랜드가 돼라

제품들은 공장에서 제작되지만,
브랜드는 마음속에서 만들어진다.
- 월터 랜도르

요즘 TV에 나오는 아이돌을 보면 누가 누군지 구별하기가 쉽지 않다. 물론 내가 중년의 나이인 탓도 있지만, 대부분이 여러 명이서 나오는 건 물론이고 멤버들끼리도 워낙 비슷해서 아무리 눈을 크게 뜨고 봐도 똑같아 보이기만 한다. 항변하자면 이런 나도 BTS만큼은 꽤 잘 알고 있다. 단순히 그들이 유명하기 때문은 아니다. BTS의 아버지 방시혁은 BTS를 최고의 넘버원이 아닌 하나밖에 없는 유일한 온리 원으로 만들어 냈다. 처음부터 그 전략을 통해서 친근한 매력을 강조했고, 다양한 분야에서 멤버 각자의 개성을 존중해 줬다. 그래서 그들은 BTS로도, 멤버 개인별로도 브랜드가 됐다.

진정성은 브랜딩의
또 다른 이름이다

사업 역시 브랜딩이 중요하다. 실력은 기본이고, 나만의 필살기가 있어야 한다. 지인 중 A는 동화 작가를 꿈꾸면서 그림책을 읽어 주는 유튜브 채널을 운영한다. A가 읽어 주는 아네테 멜레세 작품인 《키오스크》의 주인공 올가 이야기를 들었다. 키오스크 안의 삶이라는 현실이 그녀를 옥죄고 있지만, 그 속에서도 희망을 품고 꿈을 이룰 수 있다는 내용의 그림책이다. 어른도 꿈을 꿀 수 있다는 책 내용도 좋았지만 읽는 사람의 목소리 힘 덕분에 이야기가 더욱 와닿았다. 그 진정성은 그냥 나온 것이 아니다. 사실 A는 선천적으로 예쁜 목소리가 아니었다. 순전히 노력으로 목소리를 바꾼 것이다. 정확한 발음 연습은 물론이고 목소리가 쉽게 쉬지 않게 복식 호흡을 연습하고 또 연습하며 그림책을 읽어 주는 유튜버이자 선생님이 됐다. 개인 사업자를 내고 목소리로 브랜딩이 돼 가는 그녀를 곧 라디오 방송에서도 만나지 않을까 기대해 본다.

그녀는 여기에 그치지 않고 예쁜 목소리를 내는 법을 궁금해하는 사람들에게 발성 연습하는 방법을 알려 준다. 호흡법부터 입 벌리기, 입꼬리 올리기까지 그녀만의 노하우를 전수하며 자신만의 경험을 브랜딩으로 만들어 가고 있다. 이제는 '그림 동화'하면 그녀가 떠오를 정도니, 분명 목소리를 다양하게 바꾸려고 노력에 혼신을 다했을 것이다.

B는 무인 아이스크림 가게를 운영하며 200만 원 이상의 수익을 올리고 있다. 입지가 A급이 아닌데도 순수익이 월 200만 원을 넘어서는 데는 비결이 있다. 지금 무인 창업 시장은 포화 상태다. 그녀가 창업을 결심한 2년 전도 마찬가지였다. 그럼에도 무인 창업에 관한 강의를 듣고 무인 매장을 운영하는 사업자들과 교류하고 공부하며 상권을 알아보기 시작했다고 한다. 그리고 그렇게 2주 만에 매장을 오픈했다.

여기까지는 대부분의 무인 창업 준비 과정과 비슷하지만, 그녀는 남달랐다. 조금 더 쉽고 편한, 프랜차이즈가 아닌 자신만의 브랜드를 만든 것이다. 무인 창업 입지에 너무 당연시되던 아파트도 아니고 빌라 단지 입구에 가게를 차렸다. 대신 품목을 아이스크림에 한정 짓지 않고 미니 편의점이라 할 만큼 다양한 물건을 채워 놓았다. 세계 과자, 국산 과자, 젤리 초콜릿, 음료수, 라면 등 다양하게 갖추고 있기에 비수기로 여기는 겨울에도 매출이 떨어지지 않는다. 무인 가게처럼 보이고 싶지 않아 매장에 신경을 많이 쓰는 그녀는 하루 2~3시간 정도 매장에서 일하며 손님과 소통한다. 손님이 포스트

잇으로 새로운 제품을 원하거나 하고 싶은 말을 적어 놓으면 일일이 답장하며 원하는 제품을 완벽하게 갖춰 놓는다. 그래서인지 단골이 많이 생겼다. 1만 원 이상 구매 고객을 대상으로 영수증 이벤트를 할 때면 매출이 더 상승한다.

그렇게 성공적으로 가게를 2년째 운영하고 있는 그녀는 아무리 포화 상태라 해도 틈새를 찾으면 얼마든지 창업할 수 있다고 말한다. 주변에 경쟁 업체가 있지만 차별성을 뒀기에 문제되지 않았다. 작은 동네의 무인 아이스크림 가게지만, 창업 비용에 비해 수익이 높다. 게다가 이곳은 그녀의 종착지가 아니다. B는 2호점을 계약해 오픈하며 본인만의 브랜드를 걸고 가맹 대표가 됐다. 자신의 매장에 힘을 쏟았듯 다른 사람의 매장에도 높은 수익이 나올 수 있도록 도우며 살겠다는 새로운 목표가 생긴 것이다. 그녀만의 유일한 브랜딩으로 멋지게 성장하고 있는 것이다.

물론 브랜딩이 처음부터 가능한 것은 절대 아니다. 요즘은 어떤 사업일지라도 많은 분야가 이미 레드 오션이다. 레드 오션에서 살아날 유일한 방법은 가성비와 친절이다. 브랜딩 전에는 신뢰와 진정성이 큰 무기가 되기 때문이다. 브랜딩 이후에는 같은 서비스를 제공하더라도 값어치가 올라가지만 그 전까지는 무료나 적은 비용으로 자신을 알리는 데 힘써야 한다. 적은 금액이나 무료임에도 고객이 돌아갈 때 대접받은 느낌이 들었다면 성공이다.

아무도 시작하지 않는 중장년인 50대에 시작해서 1인 기업인이 되고 많은 사람의 멘토가 된 나에게 많은 사람이 브랜딩 방법을 물어온다. 누구나 돈을 벌려고 자신만의 브랜드를 만들고 싶어 한다. 그래서 나는 그들에게 돈 욕심이 아닌 먼저 일 욕심을 가져야 한다고 조언한다.

ⓦ 눈덩이 한 번 더 굴리기 _____

《타이탄의 도구들》에서 "최고의 자리는 붐비지 않는다"라고 했다. 가장 경쟁이 없는 자리기에 유일한 브랜딩으로 나를 끌어올리도록 노력해야 한다.

7

비용을 최대로 줄이는
공유 오피스

의지가 크면 어려움이 크지 않다.
- 니콜로 마키아벨리

"대표님, 여기 강남 부동산인데요. 전에 말씀하신 사무실 자리가 나서 연락드렸습니다."

운영하는 무인 카페를 청소하는 중에 휴대 전화가 울렸다. 부동산 소장님이 방금 나온 따끈한 월세 매물이라며 월 55만 원에 부가세는 별도라고 했다. 오래전부터 서울에 사무실을 갖고 싶었던 나는 강남역 근처 사무실은 비쌀 거라는 고정 관념에 사로잡힌 채 알아보려

하지도 않았다. 우연히 강남에서 저렴한 월세를 얻었다는 지인에게 부동산 연락처를 받고 나 또한 사무실이 나오기만 기다렸다. 강남역 5분 거리에 월세 55만 원은 눈을 씻고 찾아봐도 없었다. 다음 날 바로 계약하러 강남역에 도착해 매물 확인 후 계약서에 도장을 찍었다. 17평에 실평수 9평은 사무실로 쓰기에 딱 좋았다. 오래된 건물이라 손볼 곳이 많지만, 우리 커뮤니티 멤버들이 전국에서 찾아오기 쉬운 장소를 찾아냈다. 싱크대도 없는 사무실을 어떻게 꾸밀지 고민이 시작됐다. 싱크대 하부 장만 예쁘게 설치해 놓고 하나씩 아늑한 내 공간으로 만들었다.

나의 니즈가
곧 고객의 니즈다

강남역이 가까우니 오프라인 만남 장소와 독서 모임이나 강의 장소로도 최고였다. 오래전 부동산 경매 강의를 이 건물 안에서 들은 적이 있었다. 수강생으로 왔던 건물에 사업자가 돼 내가 강의할 수 있는 공간이 생겼다니 감회가 새롭다. 여긴 나와 커뮤니티 멤버들이 함께 돈을 버는 공간이 될 것이다. '꿈꾸는 부자여행' 아지트가 생겼다. 꿈부여 로고가 박힌 간판을 걸고 힘차게 날갯짓했다. 지금은 사무실 월세를 내는 임차인이지만, 훗날 강남 건물을 매수할 것이라는 큰 포부를 가져 본다.

서울에서 볼일을 보다가 줌 강의가 있을 땐 늘 허겁지겁 집으로 돌아와야 했다. 하지만 이젠 사무실에서 느긋하게 강의하거나 듣고 와도 되니 마음에 여유가 생겼다. 가끔은 사무실에 앉아 힐링 타임을 갖는다. 커피 한 잔 들고 마치 뉴욕 사무실에 앉아 있는 상상을 하곤 한다. 3년 후 나의 모습은 《지중해 부자》에 나오는 주인공처럼 스페인 바닷가 앞에서 1년에 두세 번 한국에 들어와 회사를 둘러보는 상상만으로 미소가 지어졌다. 마치 주인공이 된 것 마냥 행복하다.

주변을 돌아보니 오래된 건물이 많지만, 유동 인구가 참 많다. 대부분이 사무실이긴 하지만 젊은이들의 거리답게 파티 룸을 운영하는 곳도 제법 많았다. 매일 출근하는 것도 아닌데 나 혼자 쓰는 사무실로 사용하기에는 아까웠다. 우리 커뮤니티에는 강의하며 콘텐츠를 운영하는 분이 많아 공유 오피스 형식으로 강의장을 빌려주면 괜찮겠다는 생각이 들었다. 블로그에 글을 올리니 문의가 들어왔다. 시간당 저렴하게 받아 한 달 유지비만 나오게 하는 것이 목표다. 여기에서 돈을 버는 게 아니라 강의할 장소가 없는 분들이 편하게 강의할 수 있는 공간을 마련해 주자는 취지였다.

지금은 오프라인이 강세다. 줌으로 만나던 분들이 설레는 마음으로 오프라인에서 만나고 싶어 한다. 이들의 니즈를 충족시키려면 장소가 필요했다. 나에게 만남을 청하는 사람들은 예비 사업가다. 투자 이야기를 나누고 창업 이야기와 자기 계발 등 그들만의 철학이

담겨 있다. 오프라인에서 만남의 큰 장점은 서로의 이야기를 통해 희망을 품을 수 있다는 것이다.

이들에게 대여할 공유 오피스 형식으로 꾸미려면 커다란 회의 탁자가 필요했다. 손님들 입장에서 생각해 봤다. 강의장을 찾아와야 하는 손님에게는 접근성도 중요하지만, 내부가 아늑한 공간이어야 한다. 바로 설계 도면을 그리고 어디에 무엇을 배치할지 정했다. 고급스러운 인테리어가 아닌 실용적으로 비용을 최소화해 인테리어를 마쳤다.

영업 준비도 마쳤으니 홍보에 신경을 쓸 시간이다. 공유 오피스도 장사이기에 홍보는 필수다. 무자본 창업은 SNS와 톡톡 튀는 아이디어가 홍보 수단이지만, 오프라인 창업은 전통적이더라도 시작을 알리는 것이 우선이다. 찾아오는 공간이기에 위치를 정확히 알려 줘야 한다. SNS 홍보도 꼭 필요하다. 성공적으로 홍보를 마쳤다면 그다음은 관리다. 환한 이미지와 잔잔한 음악이 공간 분위기를 좌우한다. 간식거리와 커피는 늘 준비돼 있다. 이벤트로 첫 오픈 때 대여 가격을 20% 낮췄다. 그러자 드디어 첫 손님이 들어왔다. 3시간 동안 독서 모임을 하신다고 의뢰했다. 칠판과 PPT로 강의할 수 있게 세팅했다. 커피는 자유롭게 드실 수 있게 무료로 제공했다. 독서 모임이 끝난 후 나는 정리도 할 겸 사무실에 나갔다. 사무실에서 장소를 제공해 줘서 고맙다는 쪽지를 발견하고, 내가 그들에게 도움 되는 사람이라서 마냥 좋다는 생각이 들었다.

돈을 버는 방법은 많지만, 실행하는 사람은 드물다. 아니 몰라서 못 하는 경우가 더 많은 것이 사실이다. 내 오피스를 나도 사용하고 빌려주기도 하는 사업 아이템은 누구나 할 수 있다. 작은 투자 비용으로 버는 사업 아이템은 무궁무진하다.

🏦 눈덩이 한 번 더 굴리기 _____

하기 싫은 일과 하고 싶은 일 중 어떤 것을 먼저 해야 할까? 지금 하기 싫은 일을 먼저 한다면 훗날 내가 하고 싶은 일만 골라서 할 수 있는 날이 반드시 온다.

지키기

사업자 등록 방법 한눈에 보기

사업자 등록을 하기 전에 상호와 업종을 정해야 한다. 업태와 종목 코드는 홈택스에서도 볼 수 있다. 상호는 업종과 잘 맞는 이름으로 정해야 고객이 기억한다. 사업자를 만들기 전에 세무사와 상담을 먼저 해 보는 것도 추천한다. 개인이나 법인 사업자 등록은 홈택스에서 신청할 수 있다.

간이 사업자, 개인 사업자(면세) 신청 시 필요한 서류는 다음과 같다.

• 사업자 등록 신청서

- 임대차 계약서 사본
- 허가·등록·신고증 사본
- 자금 출처 명세서
- 동업 계약서(공동 사업인 경우)

개인 사업자 소득의 귀속은 개인이 사업 주체이므로 소득과 부채 모두 개인의 것이다. 등기 절차 없이 사업자 등록을 신청하면 사업을 개시할 수 있다.

법인 설립 등기 신청 시 필요한 서류는 다음과 같다.

- 통장 잔고 증명서(자본금)
- 이사나 주주, 감사의 주민 등록 등본
- 개인 인감 증명서 1통
- 법인 도장

법인 설립 등기 신청을 완료했다면 다음은 법인 사업자 등록을 신청해야 한다. 신청 시 필요한 서류는 다음과 같다.

- 사업자 등록 신청서
- 정관, 법인 인감 증명서, 주주 명부

- 대표자 신분증

- 임대차 계약서

- 사업 허가, 등록 신고필증(인허가 업종인 경우)

 개인 사업자와 법인 사업자는 등록 절차부터 다르다. 개인 사업자는 관할 관청에 인허가를 신청하고 법인 사업자는 법원에 설립 등기 신청 후 세무서에서 사업자 등록을 신청해야 한다. 개인 사업자는 개인이 사업 주체이므로 문제 발생 시 사업주가 책임진다. 법인의 사업 주체는 기업이므로 출자한 한도 내에서 책임을 진다.

나는 지금도
부자가 되는 꿈을 꾼다

　자기 계발하며 열심히 살아온 3년의 마감 기한이 지났다. 내가 정한 마감 기한일은 2023년 9월 30일이다. 재정 자립을 통해 경제적 자유 마감일에 남편을 은퇴시켜 주겠다고 약속했다. 이미 자본 소득이 근로 소득을 넘었고, 더 이상 남편의 월급에 의지하지 않게 됐다. 미련 없이 사표를 던지는 은퇴가 아니라 회사에 다니며 월급을 고스란히 용돈으로 쓸 수 있도록 했다. 그렇게 남편은 가정 경제에서 은퇴했다. 무려 31년간 받아 온 남편의 월급 없이도 저축과 투자 그리고 가정 경제가 잘 굴러갔다.

　이런 시스템을 만들려면 내 수입이 나의 노동력이 아닌 파이프라인에서 나오게 해야 한다. 매달 규칙적으로 나오는 돈의 힘은 크다.

근로 소득만이 아닌 10개의 파이프라인을 만들어 놨다. 잠자는 동안에도 돈 나무에서 열매가 열리는 중이다. 소자본 창업 수입, 월세, 인세, 강의, 콘텐츠, 금융 투자에서 나오는 소득이 남편 월급의 세 배가 넘었다.

월급을 용돈처럼 쓰게 된 남편에게는 어떤 변화가 있을까? 용돈을 타서 쓰던 남편은 갑자기 갖게 된 월급을 어떻게 관리해야 하는지 물어 왔다. 내가 가계부 쓰기와 통장 쪼개기를 설명해 주니 월급을 적절하게 분산했다. 가장 큰 변화는 더 이상 집에 남편의 택배가 오지 않는다는 사실이다. 남편을 보니 돈은 주인을 닮는다는 말이 실감 난다. 돈을 대하는 태도가 달라지니 돈이 모이기 시작했다. 직장에서 일도 더 열심히 한다. 다니기 싫었던 회사가 재미난다고 했다. 통장에 숫자만 찍혀 있을 뿐 아내에게 건넸던 월급을 고스란히 운용하니 더 재미날 것이다.

100억 부자도 아닌 내가 지금이 더 행복한 이유는 최종 종착지가 남편의 은퇴였기 때문이다. 매일 눈뜨면 얼굴을 맞대고 "오늘은 뭐 하지?" 하는 막막하기만 한 은퇴를 걱정하지 않고, 각자 위치에서 즐겁게 일하면서도 경제적 자유로움까지 느끼며 삶을 사는 지금이 참 좋다. 남편과 나는 부부지만, 이젠 가정 경제 파트너가 됐다. 서로의 꿈을 응원하고 목표에 박수를 보낸다.

이 책을 읽는 당신도 배우자의 가정 경제 은퇴를 위해, 스스로의 노후를 위해 '덜 쓰고' 단계인 모으는 습관부터 '더 벌고, 불리고, 지키는' 단계까지 차근차근 밟아 간다면 노후에 멋진 삶이 기다리고 있을 것이다. 가난이란 불편한 존재다. 우리의 적인 과시 본능과 있는 척, 아는 척, 잘난 척을 끊어 내고 지금은 당당하게 모으자. 우리가 살아가는 지금은 그저 현재일 뿐이지 미래가 아니다. 지금 돈이 없다고 부끄러운 건 아니다. 노후에 돈 없는 걸 부끄러워해야 한다.

과거에는 신분 제도가 만든 노예가 있다. 누군가는 귀족으로 살지만, 누군가는 노예로 살았다. 평생 신분을 바꾸지 못한다. 현대 사회에는 신분 제도가 사라지면서 돈이라는 기준으로 돈의 주인과 돈의 노예로 나뉜다. 과거와는 달리 노력에 따라 주인이 되고 노예가 된다. 돈의 주인이 돼 가는 남편은 노력하며 스스로 관리하고 저축하며 투자한다. 금융 투자에 대해 새로이 공부하고 아들과 공부한 내용에 관해 대화하고 함께 투자하기도 한다. 나는 남편의 월급 사용처를 묻지 않는다. 이젠 알아서 잘 굴리는 남편을 보며 31년간 가져다 준 월급에 더 깊이 감사함을 표할 뿐이다.

나는 자녀가 나와 함께 부자가 되는 꿈을 꾼다. 젊은 시절 경제 공부를 해 본 적이 없는 나는 당연히 자녀에게 학과 공부만 시켰다. 어릴 때 왜 그렇게 자녀 교육에 목숨을 걸었는지 모른다. 어린 시절 아들의 장래 희망이 '재벌 아들'이었다. 2학년 때 부모 참관 수업에서 장래 희망을 적고 발표하는 시간에 아들이 손을 번쩍 들었다.

"선생님, 저는 재벌 아들이 꿈인데 엄마, 아빠가 노력을 안 해요."

장래 희망을 기발하게 써낸 아들 덕에 모두 웃었던 기억이 난다. 재벌 엄마는 아니지만, 부자 엄마로서 한 걸음씩 가고 있다.

나는 자녀에게 금융 투자로 주식 계좌를 모두 만들게 해 배당주 투자나 공모주 투자를 함께한다. 돈을 빌려주거나 증여하지 않고 스스로 번 돈으로 투자할 수 있도록 방법을 알려 준다. 무인 카페에 딸과 반씩 투자해 매달 각각 100만 원이란 소득이 들어온다. 아들은 공간 임대에 소액을 투자했기에 매달 20~30만 원이라도 챙겨 준다. 나를 닮아 도전 정신이 있는 큰아이는 서울 시내에 사업장을 가진 사업주의 꿈을 꾸는 중이다. 근로자가 아닌 사업자의 꿈을 머지 않아 펼칠 것이다.

남편이 가정 경제에서 은퇴한 것처럼 아이들도 빠르게 자본 소득이 근로 소득을 넘어설 수 있도록 함께 투자하며 언젠가 스스로 투자할 날을 기대하고 있다. 일확천금이 아닌 돈을 사랑하고 돈을 다룰 줄 아는 지혜와 다양한 경험으로 실패해도 다시 일어나는 힘을 자녀가 깨우치길 바란다. 그것이 아이들에게 물려주고 싶은 최고의 유산이다.

남편의 가정 경제 은퇴로 가족이 모두 행복한 삶이 시작됐다. 마감 기한 날짜가 끝난 나에게 쉬지 않고 계속하느냐고 사람들이 묻는다. 나의 물통은 가득 채워졌다. 이젠 따라 하려는 사람들의 물통을 채워 주고 싶다. 돈 쓰는 데 인색하지 않고 마음만 먹으면 할 수 있는 정도의 부자가 난 좋다. 내가 생각하는 부자의 기준은 지출이 수입보다 적고 이걸 꾸준히 유지하는 사람이다. 부자 되는 공식인 '덜 쓰고, 더 벌고, 불리고, 지키자'를 시작하는 여러분의 꿈을 응원하며 한마디 덧붙이고자 한다.

지금 당장 시작하길 바란다.